14歳の
WORLDLY WISDOM FOR 14 YEARS OLD
世渡り術

自分で考え、
自分で書くための
ゆかいな
文章教室

今野真二

河出書房新社

自分で考え、自分で書くためのゆかいな文章教室　もくじ

第1章

読みながら考えてみよう 21

第2章 書きながら考えよう 63

第3章

考えながら書こう　109

はじめに

文って何？

みなさんは、これまでに「整った文を書きなさい」「わかりやすい文を書きなさい」と言われたことはないでしょうか。そんな時に「整った文って何？」「わかりやすい文って何？」と思った人はいませんか。

いや、そもそも「文って何？」って思ったことはありませんか。

まずその「文って何？」ということについて、ちょっとしたたとえを使って、お話ししてみたいと思います。

さあ、みなさんは自分がフランス料理のシェフになったと思ってください。どんなフランス料理でも作ることができます。どんな料理でもできたらお皿に盛ってお客様に出しますね。料理がすばらしいお店では器《うつわ》にも凝《こ》って、すばらしい器を使っていることが多いようです。この「器」が文です。

文とは器である

さて、文が「器」つまり「入れ物」だとすれば、料理は何にあたるのでしょうか。料理は「あなたが他の人に伝えたい内容」です。料理もシェフが作ってお客様にお出ししますね。料理をめぐって、作る人と食べる人とがいるわけです。同じように、文には「書き手」がいて「読み手」がいます。

もちろん誰《だれ》にも見せない日記のようなものは、「書き手」はいるけど「読み手」がいない、ということになりますが、多くの場合、「書き手」と「読み手」とがいます。これは「はなしことば」でも同じで、「はなしことば」であれば「話し手」と「聞き手」がいます。誰も聞いていないのに一人で話している人がいると、ちょっとこわいですね。それは「聞き手」がいるから話をするのが一般的《いっぱんてき》だからです。

文の場合、書いているその場に「読み手」がいないことは多いでしょう。それは、文は「その場」限りで消えてしまう「はなしことば」とは「ねらい」が違《ちが》うからです。文、つまり「かきことば」は「今」でなくても読める、「ここ」でなくても読めるということを目的としてできあがっているといってもいいでしょう。「今」は時間、「ここ」は場所＝空間ですね。ですから、少しかっこよく言《い》い換《か》えれば「かきことば」は「はなしことば」とは違って、時間と空間を超《こ》えて「あなたが他の人に伝えたい内容」を伝えてくれるということです。

はなしことばとかきことばとはどう違う？

もう少し「はなしことば」と「かきことば」の違いについてお話ししておきましょう。あなたが話をしています。それを聞いている人がいます。その時、多くの場合、あなたの話を聞いている人はあなたが知っている人ですね。もちろんあなたが生徒会長に立候補して、全校生徒の前で演説をするということがあるかもしれません。その場合は、聞いている人全員をよく知っているというわけにはいかないでしょう。そういうこともあります。しかし、日常生活の多くの場合、あなたの話を聞く人はあなたが知っている人です。家族、友達、みんなあなたがよく知っている人です。

あなたがよく知っている人は、あなたのことをよく知っています。そうすると、言わなくてもわかることもたくさんあります。家族や友達と話す時に、「私はこういう者です」と一々説明しなくてもいいですね。しかし全校生徒の前で演説をする場合であれば、「私は何年何組の誰々です」と名乗る必要があるでしょう。あなたのことをよく知らない人の前で話をする時にはそういうことが必要になります。

「かきことば」の場合、その場であなたのことをよく知っている人が「読み手」であるとは限りません。むしろ、その場ではないところで、あなたのことをよく知らない人が「読み手」になることが多いと思っていたほうがいいかもしれません。

そうだとすると、「言わなくてもわかること」はほとんどないことになります。つまり丁寧《ていねい》に説明する必要がでてきます。これが「はなしことば」と「かきことば」の大きな違いです。

「かきことば」による文はそもそも丁寧に作らないといけないのだとまず思ってくださ

伝えたいこと

い。「丁寧に」は「読み手」のことを考えて、ということです。

情報の冷凍《れいとう》と解凍

みなさんの中に食材を冷凍したことがある人はいるでしょうか。あんまりいないかもしれませんね。

お父さんが釣《つ》りに行ってアジを五十匹《ぴき》も釣ってきました。とても一回では食べきれません。じゃあ、冷凍しておいて少しずつ食べていこうということになりました。まずよく洗って、解凍したらすぐ焼いて食べられるように「下処理」もしてから冷凍するといいですね。

これは食材の「冷凍」「解凍」ですが、文にも似たところがあります。文には「あなたが他の人に伝えたい内容」が盛《も》り込《こ》まれています。先ほどは、丁寧に盛り込みましょうと言いました。丁寧にしかも効率よく盛り込むのは、「読み手」にあなたが「伝えたい内容」を正確に受けとってもらうためです。

文には「一回勝負」という面があります。「はなしことば」の場合であれば、「聞き手」の顔が見えていることが多いので、「なんだかよく理解されていないな」と思ったら、同じことを繰《く》り返《かえ》して言ったり、違う言いかたで言ったりすることができます。これは「はなしことば」の強みといってもいいでしょう。

「かきことば」はいったん書いてしまったら、それが受《う》け渡《わた》しされます。しかも誰が読むかわからない。だから「丁寧にしかも効率よく盛り込む」必要があります。

「伝えたい内容」がたくさんあったり、複雑な内容であったりした場合は、きれいに折《お》り畳《たた》んで盛り込まなければなりません。これが文の「下処理」です。折り畳むのだから「冷凍」ではなくて「圧縮」ということばを使うことにしましょう。

「書き手」は「自分が他の人に伝えたい内容」を丁寧に「圧縮」する。「読み手」はそれを「解凍」するように解きほぐして読む。こんな感じです。

「整った文」の「整った」は主語と述語とがちゃんと対応しているかとか、副詞がきちんと動詞と呼応しているとか、そういうことと受けとられがちです。もちろんそういうことも大事なのですが、「自分が他の人に伝えたい内容を丁寧に器に盛り付ける」ということが「整っている」ということです。そうすることによって、「読み手」が「わかりやすい」ということです。

まずは文から

文がまとまりをもって集まったものが文章です。みなさんは、自分の考えを四百字以内で述べなさいとか、八百字以内で述べなさいというような問題に接したことがあると思います。そういう時にどう思いましたか。「長いな」と思った人が多いのではないでしょうか。

「そういう時にどう思いましたか」は十四字です。二十字ぐらいで一つの文を書くと、四百字だったら、二十の文が集まったものということになります。四百字の文を上手《じょうず》に書くためには、二十の文を使って、「あなたが他の人に伝えたい内容」をうまく伝えなければなりません。

そのためには、二十の文をどう構成するかということが重要です。これは料理でいえば、どういう順で一つ一つの料理をお客様に出すかということでしょう。でも結局、お客様が食べるのは一つ一つの料理なのですから、一つ一つの料理がおいしくできていることが大事です。

そうだとすれば、いきなり四百字の文章を書くということを考えるのではなく、まずは一つ一つの文を上手に作ることに集中するほうがよさそうです。

そうはいっても、一つの文だけで「情報」がやりとりされることはほとんどないので、ある程度のまとまりを考えながら、文について考えていきたいと思います。

料理は情報であると同時にあなたの考えである

ここまでの話から、そうかそうか、文が「器」で、「伝えたい内容＝情報」が「料理」なんだ、とわかっていただけたと思います。

それでいいのですが、もう少し掘《ほ》り下《さ》げてみましょう。

料理には素材があります。カボチャのスープはカボチャがなくてはできません。カボチャが素材です。素材は「情報」にあたります。しかしテーブルにカボチャをそのままどんと載《の》せてもそれは料理ではありません。ただ素材をテーブルに載せただけです。お客様は生のカボチャを食べることはできません。カボチャをスープにして初めて食べることができます。それが料理です。

カボチャは必ずスープにしないといけないわけではないですね。いろいろな料理を作ることができる素材です。また同じカボチャのスープでも、「作り手」によっていろいろなできあがりになることでしょう。そもそもどの産地のどういうカボチャを素材にするか、というところから「勝負」が始まっているかもしれません。素材を選び、それにどう手を加えて料理にするか。それが料理人の腕《うで》です。「腕」は技術であり、発想であり、考えといえるでしょう。

情報をどう選び、どうかたちを整え、それを文という「器」にどう盛るか、それが「勝負」どころなのです。それは料理と同じように「技術であり、発想であり、考え」なのです。

最近は、文を書く「技術」がおもに話題になってきていないでしょうか。もちろん技術は大事です。しかし、この本では、「発想」と「考え」という面にできるだけ目を向けていきたいと思っています。「考えて書く」「書いて考える」ということです。「書く」と「読む」とが「双方向《そうほうこう》」であることはわかりますね。「双方向」は「インタラクティブ」ということです。そして「書く」「読む」を裏で支えているのが「考える」です。読みながら考えることもできますし、書きながら考えることもできます。考えながら書くことは大事です。それではさっそく読みながら考えるとはどういうことか、考えてみていきましょう。

第1章

読みながら考えてみよう

WORLDLY WISDOM
FOR 14 YEARS OLD

「ことばの実験」をしてみよう①
語と語との違《ちが》いに気をつけよう

よよよよと月の光は机下《きか》に来《き》ぬ

これは、川端茅舎《かわばたぼうしゃ》（一八九七〜一九四一）という俳人が昭和十四（一九三九）年に作った俳句で、『白痴《はくち》』（一九四一年、甲鳥書林《こうちょう》）という句集に収められています。

ここでは「きか（机下）」は文字通り〈机の下〉ということです。また「来ぬ」は〈来た〉と理解してよいでしょう。「よよよよ」はおもしろいですね。「よろよろ」でもないし、「よちよち」でも「よぼよぼ」でもない。「よろよろ」「よちよち」「よぼよぼ」は「オノマトペ」と呼ぶことがあります。「オノマトペ」は「擬音語《ぎおんご》」「擬声語」「擬態語」をまとめたものと思ってかまいません。

大きな辞書にも「よよよよ」は載《の》せられていないようです。でも、なんとなく弱々しい月の光が窓から射《さ》し込《こ》んできて、机の下あたりがぼんやりと明るくなっているというような感じが右の句からつかめるのではないでしょうか。その「なんとなく弱々しい」あるいは「ぼんやりと明るく」ということを「よよよよ」が伝えているように思いませんか。

俳句が五七五の十七拍《はく》でできあがっていることはご存じでしょう。「拍」はことばを数える単位ですが、「音《おん》」と思ってもかまいません。その十七拍で、「自分が他の人に伝えたい内容」を伝えようとしているのですから、まさしく「情報の圧縮」ですね。うまく「圧縮」するために、ここではオノマトペが有効に使われているのです。では、この「よよよよ」を他のオノマトペに入《い》れ替《か》えてみましょう。川端茅舎先生、勝手なことをしてすみません！　これも文章の達人になるためです。

よろよろと月の光は机下に来ぬ
よちよちと月の光は机下に来ぬ
よぼよぼと月の光は机下に来ぬ

どうでしょうか。「よろよろ」だと、なんだか体調がよくないようですね。「月の光」がへろへろになってしまっているような感じです。「よちよち」は、うーん、赤ちゃんか小さな子供ですね。「月の光」はそんなに幼くはないでしょう。「よぼよぼ」はやっぱりお年寄りという感じが強いですね。今度は「月の光」が年をとってしまいました。

今のオノマトペ入れ替え「実験」で二つのことがわかりました。一つは、「よよよ」に替わるオノマトペはなさそうだということ。そしてもう一つは、「よろよろ」にすると「体調がよくない」、「よちよち」だと「赤ちゃん」、「よぼよぼ」だと「お年寄り」感がでるということです。これはみなさんが「よろよろ」「よちよち」「よぼよぼ」がどういう時に使われるか、どういう語とともに使われるか、どういう場面で使われるか、ということを知っているということなのです。

先ほど述べたように、「よよよ」はあまり使われていないと思われます。もしかしたら川端茅舎先生の「造語」かもしれません。しかし、「読み手」であるわたしたちは、どうにか句の意味がわかります。あるいは句の「雰囲気《ふんいき》」をつかむことができます。そ

れは、他の「よろよろ」「よちよち」「よぼよぼ」がわかっていて、それらではない、というところから「類推」しているということだと思います。

このように、「よろよろ」「よちよち」「よぼよぼ」そして「よよよよ」の違いが何となくにしてもわかることはとても大事なことです。そして、まずそこに気をつけてほしいと思います。「どれでもいっしょ」ではなくて、「どう違うのだろう」と思ってほしいということです。「入れ替え実験」はそうしたことを意識するのにぴったりの実験です。

「ことばの実験」をしてみよう②
どこを見ているかに気をつけよう

川端茅舎の句集では、「月光採集」という小題のもとに次のように句が並べられています。

月は表に月光は机下に来ぬ

よよよと月の光は机下に来ぬ
月光は燈下《とうか》の手くらがりに来し
手くらがり青きは月の光ゆえ

「手くらがり」は〈光が手で遮《さえぎ》られて手もとが暗くなること〉です。また、そうなっている場所も「手くらがり」です。

「月は表に月光は机下に来ぬ」の句では、「月は表」「月光は机下」と表現されています。「鬼《おに》は外福はうち」のようなもので、「月」そのものは「表」つまり外にあって、「月光」は室内の「机下」にある、ということです。もちろん月から光が出ているわけですが、その光は暗い室内に射し込んできて初めてその存在がはっきり認識できるということです。

どうでしょうか。「月は表に」で、窓から天空の月に視線を向けたような気持ちになったでしょうか。一転して「月光は机下に」で、机の下あたりに月の光が射し込んでいるのを確認したでしょうか。

句を読む時に自分の視線が動いたような感じになった人は、句がもっている「動き」を感じとったことになります。それは句を作った人が「どこを見ているか」ということでもあります。広い天空を見ているのか、限られた室内を見ているのか、それが大事です。

書く時は「どこを見ているか」に注意して書き、読む時は「書き手がどこを見ているか」に注意して読むと「情報のやりとり」がなめらかになります。

一つ一つの句を「文」だと考えれば、右では四句で一つのまとまり、つまり「文章」が作られていると考えることができます。

右に掲《かか》げた四句では、まず外にある「月」から「月光」が室内に射し込んでいるという「全体図」が示されています。「よよよよと」以下の三句は、室内を描写《びょうしゃ》した句です。つまり四句が「広い空間」から「限られた空間」へと「配置」されているということで、「文章」を作りあげていくにあたっては、こういう「配置」「配列」が重要になってきます。

「ことばの実験」をしてみよう③
タイトルとは何か？

先に述べたように、四句には「月光採集」という小題がつけられています。ちょっとかっこいい題ですね。そう思った人は、なぜかっこいいと思ったかを考えてみましょう。「昆虫《こんちゅう》採集」「植物採集」という語があります。〈昆虫を採集すること〉〈植物を採集すること〉ですね。これは一般的《いっぱんてき》に使う語なので、かっこいいもなにもないのです。しかし、「月光」を採集するという話は聞いたことがない。聞いたことがないから、それを「採集」という語と結びつけると、かっこいい、あるいは気がきいている、あるいはしゃれているという感じがでてくるのです。「聞いたことがない」は「比喩《ひゆ》＝たとえ」ということでもあります。この「かっこいい」「気がきいている」「しゃれている」はとても大事です。

「整った文、文章を書きましょう」という時には、「かっこいい」は含《ふく》まれていないでしょう。しかし、「かっこわるい」のと「かっこいい」のとどちらがいいか？　答えは明白です。「かっこいい」ほうがいいに決まっている。「身だしなみを整える」といいますね。「かっこよさ」は文、文章の「身だしなみ」のようなものです。可能な限り気を配りたいものです。

さて、「月光採集」という小題は四句に対してつけられています。つまり四句の「内容」をまとめたものです。まとめるということは抽象化《ちゅうしょうか》するということでもあり、共通点を抜《ぬ》き出《だ》すということでもあります。

四句の共通点は「月光」または「月の光」という語を使っていることです。ですからそれに「月光」という小題をつけてもいい。いや、まずはそれを考えた人が多いかもしれません。しかしそれは当たり前すぎる。当たり前すぎるということは気がきいてないということです。あまり「かっこよくない」。そこでひとひねりです。

室内の暗い場所に「月光」を見出《みいだ》す。それは人が見出しているのです。「人」はもちろん川端茅舎先生ですが、とにかく室内の「月光」を「あ、こんなところに月光が射し込んでいる」と気づいた「人」がいる。その人がそこにいて、それに気づかなくても

「月光」はそこに射し込んでいます。しかし、それに気づく「人」がいて初めて「月光」が存在したのだということもできそうです。

そうすると、気づいた「人」はその「月光」を「発見」したようなものです。その「発見」が「採集」です。「採集」は「採集する人」がいる。そういう動作をする「人」を意識させる語が「採集」です。

先ほど四句は文章だ、と述べました。みなさんも自分で書いた文章にタイトルをつけたことがあると思います。文章の内容にふさわしいタイトルを考えるのはけっこう難しいものです。文章の内容を要約して、さらに要約して、最後にたどりつくのがタイトルといってもいいかもしれません。八百字の文章につけたタイトルは八百字の文章の内容の「究極的な要約」です。

この「要約」「圧縮」ルートを逆にたどるとどうなるでしょうか。「××のタイトルで八百字以内の文章を書きなさい」。こういう経験がきっとあることでしょう。タイトルをふくらませていくのが「課題作文」あるいは課題が与《あた》えられて書く小論文ということになりますね。

文章の内容＝情報を要約していってタイトルを作る。与えられた課題＝タイトルから文章を作る。前者は情報の圧縮、後者は情報の解凍《かいとう》といえるかもしれません。やはり、「情報の圧縮」「情報の解凍」が文章を書くということにかかわっています。いや、かかわっているというより、そのものかもしれません。

こうした「イメージ」をもつだけで、ずいぶんと文や文章に対しての「気分」が変わってきませんか。「そんな気がしてきた」という人は、もはや「文章の達人」への道を一歩踏《ふ》み出《だ》した人です。まだよくわからないぞ、という人は、どんどん読み進めてください。

大きなことば、小さなことば

先ほど、「広い空間」「限られた空間」という話をしました。それと似たことですが、今度は「大きなことば」「小さなことば」ということを考えてみましょう。まず次の文章を読んでみてください。

「わっしはすぐそこで降ります。わっしは、鳥をつかまえる商売でね。」

「何鳥ですか。」

「鶴《つる》や雁《がん》です。さぎも白鳥もです。」

「鶴はたくさんいますか。」

「居ますとも、さっきから鳴いてまさあ。聞かなかったのですか。」

「いいえ。」

「いまでも聞えるじゃありませんか。そら、耳をすまして聴《き》いてごらんなさい。」

二人は眼を挙げ、耳をすましました。ごとごと鳴る汽車のひびきと、すすきの風との間から、ころんころんと水の湧《わ》くような音が聞えて来るのでした。

「鶴、どうしてとるんですか。」

「鶴ですか、それとも鷺《さぎ》ですか。」

「鷺です。」ジョバンニは、どっちでもいいと思いながら答えました。

「ジョバンニ」がでてくるので、ああ、宮澤賢治《みやざわけんじ》（一八九六〜一九三三）の『銀河鉄道の夜』だなとすぐにわかった人も少なくないでしょう。そうです。『銀河鉄道の夜』の「鳥を捕《と》る人」と題された文章の中のあるところです。「わっし」は「ジョバンニの乗っている小さな列車」に乗り合わせていた「尖《とが》った帽子《ぼうし》をかぶり、大きな鍵《かぎ》を腰《こし》に下げた人」ですが、その人が自分は「鳥をつかまえる商売」をしているとジョバンニたちに話している場面です。

ここで相手が「鳥をつかまえる商売でね」と言ったことを受けて、ジョバンニは「何鳥ですか」とたずねます。すると相手は「鶴や雁」「さぎも白鳥も」と鳥の名前をあげます。そこで「大きなことば」「小さなことば」ということなのですが、「トリ（鳥）」と例えば「ツル（鶴）」はどちらが大きくてどちらが小さいですか？　ということです。わざわざ言わなくてもわかると思いますが、語がとらえている範囲《はんい》の大きさということです。

「ツル（鶴）」「ガン（雁）」「サギ（鷺）」「ハクチョウ（白鳥）」は「トリ（鳥）」の具体的な種類です。「トリ（鳥）」は具体的なたくさんいるいろいろな鳥の「総称《そうしょう》」といってよいでしょう。「総称」は「グループ名」と考えてもいいです。答えは、「トリ（鳥）」が大きくて、「ツル（鶴）」が小さいということになります。

ことば（語）にはこのような「大小」が備わっていることが少なくありません。「大きなことば」について話題にしている時は、その大きさで話をし、議論をしなければなりません。「小さなことば」について話題にしている時は、やはりその「小ささ」に合わせて話をする必要があります。

例えば、ジョバンニが「何鳥ですか」とたずねた時に、「ホオジロカンムリヅル」ですとか、「マナヅル」です、と答えるとなんだか変ですね。何か具体的すぎる気がしませんか。

「何鳥ですか」という質問は、そんなに具体的なことをたずねているわけではないのです。「ツル（鶴）」と「ホオジロカンムリヅル」や「マナヅル」とでは、今度は「ツル」が「大きなことば」で「ホオジロカンムリヅル」や「マナヅル」が「小さなことば」になります。

鳥

「ことばの倍率」を合わせよう

このように、ある語はいつでも「大きなことば」だとか「小さなことば」だとかが決まってしまっているのではありません。ある語に対しては「大きなことば」であっても、ある語に対しては「小さなことば」ということになります。ことばの大小は「絶対的」ではなくて「相対的」だということです。

これを顕微鏡《けんびきょう》の倍率にたとえてみましょう。同じ物を見ても、顕微鏡の倍率を上げれば、大きく見え、下げれば小さく見えるようなものです。同じ物でも「みかた」によって大きくなったり小さくなったりする。これを仮に「ことばの（みかたの）倍率」と呼ぶことにしましょう。

わたしたちは、「はなしことば」や「かきことば」の中で、この「ことばの倍率」を揃《そろ》えながら、しかし、どんどんと変えながら情報を交換《こうかん》しているのです。

「何を商売にしているのですか」と聞かれた時に、「ホオジロカンムリヅルを捕っているのです」と答えたら、それは「ホオジロカンムリヅルだけを捕って商売にしている」ということになるでしょう。動物園の飼育係さんなのかな？　ということになりそうです。でもそうではない。だから「鳥をつかまえる商売」なのだ、と答えます。すると、ジョバンニはほんとうは「どっちでもいいと思」っていたようですが、具体的には何鳥だろうという質問をしました。「ことばの大きさ」が少し小さくなったわけです。ですから、相手は「鶴や雁です」「さぎも白鳥もです」と答えたわけです。

今はどの「大きさ」が話題になっているか、今の「ことばの倍率」はどのくらいか、ということをすぐに判断しないと答えられません。また先ほど述べたように、「ことばの倍率」が合っていないと、変な答えになってしまいます。

商売は何かと聞かれたら、「鳥をつかまえる商売」と答えればいい。しかし、具体的に「ツルはどうやってつかまえるのか」「サギはどうやってつかまえるのか」と聞かれた場合は、「つかまえかた」が違うのであれば、一緒《いっしょ》に説明はできなくなります。一緒に説明できないということは、その質問に対しては、「ツル」と「サギ」とはもう「一緒」ではないということです。

「そんなことがあるんだ」と思った人がいるかもしれません。「大きなことば」「小さなことば」という表現は初めて聞いたと思った人がほとんどでしょう。なぜなら、筆者が作った表現だからです。でも、実際にことばを使って話したり、聞いたり、書いたり、読んだりという場面ではみなさんはそうしているはずです。それを少し意識したらいいのではないかという提案です。

林でカブトムシを見つけた

筆者は小学生のころ、カブトムシを捕るのに夢中になっていました。夏休みなどは毎日、近くの里山をまわったものです。カブトムシはクヌギやクリなどの樹液に集まるので、だいたいクヌギの木を探してまわった記憶《きおく》があります。

さて、夏休みの課題となっていた作文にカブトムシ捕りのことを書こうと思って、「林でカブトムシを見つけた」と書いたとしましょう。この文だけでは判断しにくいところもありますが、筆者はこの文は「少しどうかな」と感じます。もちろん前後の文によっては、この文はどこもおかしくないということはあるでしょう。今はこの一文だけで考えみることにしたいと思います。

どこが「?」なのかといえば、「林」です。「森」ならいい、ということではありません。先ほど述べたように、カブトムシはクヌギやクリなどの樹液に集まるので、カブトムシ捕りのことを書くのであれば、「家の裏山のクヌギの木でカブトムシを見つけた」というように書いてほしいのです。この文の「読み手」は「家」がどんな家かはあまり想像できませんが、でも「裏山」があるのだから、山に近いところにある家だなと想像します。その裏山にはクヌギの木がある。そこでカブトムシを見つけたということだ、と想像することができます。

「林でカブトムシを見つけた」はどうでしょう。なんかそっけない感じがしませんか。何も想像できないというか、具体的な映像が浮《う》かんできませんね。

文がすべて映像に結びつくわけではないので、映像が浮かばない文はだめだ、と言っているわけではありません。しかし、映像と結びつくことで「読み手」が理解しやすくなる文はあります。みなさんが「読み手」になった時には、この文はどのくらい映像が浮かぶかなと考えてみてください。

そうやって文を読むくせをつけると、今度は書く時にも映像を意識するようになります。「映像」は大事ですが、「映像映像」と唱えていてもだめです。大事なのは、「ことばの倍率」に気を配ることです。今はこのくらいの「倍率」でことば＝語を選ばないとだめだなということを意識するのです。

「倍率」は「具体性」と言《い》い換《か》えてもいいでしょう。抽象的な文を作らないといけない時は、「大きなことば」を選んでください。ある程度具体的な「映像」を「読み手」に思い浮かべてもらわないと「自分の伝えたい内容＝情報」が伝わらないなと思ったら、その具体性に応じた「小さなことば」を選んでください。そうすることによって、落ち着いた文を作ることができるようになります。

野菜をきちんと食べなさい

野菜をきちんと食べなさい。

サラダをきちんと食べなさい。

似たような感じの文です。さて、学校の栄養士さん、お母さんが「話し手」だとすると、どちらの文の「話し手」が学校の栄養士さんでしょうか。

おそらく多くの方が「野菜をきちんと食べなさい」が学校の栄養士さんの発言だと思ったのではないでしょうか。なぜ「サラダをきちんと食べなさい」は学校の栄養士さんの発言ではないような気がするのでしょうか。それは「サラダ」という語が使われているからだと思います。

「野菜」は料理の名前ではありません。「サラダ」は料理の名前とまではいえないかもしれませんが、それでも「サラダ」といえば幾《いく》つか料理が並んでいるテーブルとか、ハンバーグに添《そ》えられているポテトサラダとか、そういう光景が目に浮かぶのではないでしょうか。つまりそれだけの「具体性」を備えている語です。

例えば家族でレストランに行って、銘々《めいめい》が自分の好きな料理を注文しました。あなたは、そうです、「ハンバーグ定食」を注文しました。定食なので、ライスとスープが付いています。皿には、ハンバーグと付け合わせのポテトサラダが盛り付けられていました。あなたはポテトサラダが嫌《きら》いなので、それを食べ残していました。それを見て、お父さんが「サラダをきちんと食べなさい」と言いました。あなたは「ええっ」と思いましたが、しぶしぶポテトサラダを食べました。そういう「場面」での発言です。

ポテトサラダではなくて、キャベツの千切りが付け合わせだったとしましょう。あなたはキャベツも嫌いです。（なんて好き嫌いの多い！）

ポテトサラダはそもそも加工されていて、野菜とは呼びにくいですが、キャベツの千切りはまだキャベツっぽいから野菜と呼べなくもないでしょう。それでも、付け合わせになっているキャベツを残しているあなたに「野菜をきちんと食べなさい」とは言いにくいように思います。もしかしたら言えるかもしれません。このあたりは人によって感じかたが違うかもしれませんが、筆者は、お父さんがキャベツの千切りを実際に見ているのに、それを「野菜」という「大きなことば」で表現することには少し違和感《いわかん》があります。やっぱりここはお父さんに「キャベツを食べなさい」と言ってほしい。あるいは「付け合わせもちゃんと食べなければだめだぞ」と言ってほしい。「メインディッシュ」

としてのハンバーグに対して「付け合わせ」です。それが過不足のない「とらえかた」だと思います。

「野菜をきちんと食べなさい」には「サラダ」が持つ具体性が感じられない。だから、家族がレストランで食事している場面で発言されるような文に思いにくいのです。

県大会に向けて部活に励《はげ》んでいます

小学校が同じだった友達があなたと違う中学校に通っています。その友達と電話で話した時に、「私、今県大会に向けて部活に励んでいるんだよ」と言われました。あなたは、すぐに「部活は何?」と聞くことでしょう。「部活」は「大きいことば」で、それでは何をがんばっているかがわからないので、すぐに「何部?」と聞きたくなりますね。

一つの文としてみた時には、「県大会に向けて部活に励んでいます」はどこもおかしくありません。しかし、どういう時にこの文が使われるか、という「使われる場面」を想像してみると、誰《だれ》が誰に言うのだろう、と少々疑問になってくるかもしれません。

友達に言うのだとすると、何かよそよそしい。なんで、部活の卓球《たっきゅう》とか、部活のバスケットボールとか言わないのだろう？　何かそこは隠《かく》したいのだろうか？　と思ってしまいます。友達同士で交換する「情報」としてみた場合に、こういう文での「部活」は具体性がなさすぎておかしい。

ということは、今ここでやりとりする「情報」の「大きさ（抽象度）」「小ささ（具体度）」を少し意識したほうがいいということになります。

春はあけぼの、夏はゆうぐれ

次のような文があるとします。

家の裏山で、春はタケノコが、秋にはキノコが採れます。

「また家の裏山かいっ」と思われそうですが、右の文はなかなか整っています。「春はタケノコ」「秋はキノコ」ですから、「春はあけぼの」「夏はゆうぐれ」みたいに整然としています。表現が整然と「対《つい》」をなしていますから、「対句的《ついく》表現」といってもよいでしょう。

「対句」ですか？　と思った人がいるかもしれません。そう「対句」です。「対句」は漢詩に限ったものではありません。厳密ではないにしても、「対句的」に表現を整えると、「読み手」がわかりやすくなることがあります。文がきれいな構造をもっているといってもよいかもしれません。

「タケノコ」「キノコ」は漢字一字で書くと「筍」「茸」ですが、語の構成は「竹の子」「木の子」です。「竹の子」はおわかりだったと思いますが、「キノコ」が「木の子」とは少し意外だったのではないでしょうか。「木」から子供のように生えているから「木の子」です。

蜂《はち》すずめは花の蜜《みつ》をたべ、かわせみはお魚を食べ、夜だかは羽虫をとってたべるのでした。

宮澤賢治の「夜だかの星」の中の文です。「蜂すずめ―花の蜜」「かわせみ―お魚」「夜だか―羽虫」というように、ここでは三種類の鳥とその鳥の食べ物とが、きれいに「対」のかたちで文を構成しています。わかりやすいですね。

さて、タケノコにもモウソウチクのタケノコとか、マダケのタケノコとか竹の種類がありますが、一般的にはそこまで話題にすることはないですね。スーパーで売っているタケノコはタケノコですよね。これは何竹のタケノコかしら？　今日はマダケのタケノコが欲しいんだけど、ということはなさそうです。

それに対して、「キノコ」は種類がたくさんあります。ナメコ、シメジ、シイタケ、マツタケなどいろいろです。「今日はキノコご飯よ」と言われたら、その「キノコ」はマツタケかな、シメジかなとすぐに思ってしまいそうです。

「家の裏山で、春はタケノコが、秋にはキノコが採れます」という文は変なわけでありません。しかし、「キノコ」の種類は？　と思わないでもないので、すぐに「どんなキノコが採れるの？」と聞いてしまうかもしれません。一方「タケノコ」の種類は聞かないでしょう。「タケノコ」はこれ以上「具体的」になることを要求していないのに対して、「キノコ」はまだまだ「小さなことば」がある、ということです。その点では「タケノコ」と「キノコ」とは「ことばの大きさ」が揃っていないともいえます。

かたいことばとやわらかいことば

「テツ（鉄）」が「かたいことば」で「ワタ（綿）」が「やわらかいことば」ということではありません。「かたい感じがすることば」と「やわらかい感じがすることば」がありそうですね、というお話です。

もう一つ『銀河鉄道の夜』から例をあげてみましょう。

（ああ、その大きな海はパシフィックというのではなかったろうか。その氷山の流れる北のはての海で、小さな船に乗って、風や凍《こお》りつく潮水や、烈《はげ》しい寒さとたたかって、たれかが一生けんめいはたらいている。ぼくはそのひとにほんとうに気の毒でそしてすまないような気がする。ぼくはそのひとのさいわいのためにいったいどうしたらいいのだろう。）ジョバンニは首を垂れて、すっかりふさぎ込《こ》んでしまいました。

「なにがしあわせかわからないです。ほんとうにどんなつらいことでもそれがただしいみちを進む中でのできごとなら峠《とうげ》の上りも下りもみんなほんとうの幸福に近づく一あしずつですから。」

燈台守《とうだいもり》がなぐさめていました。

右の文章では「さいわい」「しあわせ」「幸福」という三つの語が使われています。『広辞苑《こうじえん》』第七版（二〇一八年、岩波書店）でこの三つの語を調べてみましょう。どの語も語の意味が幾つかに分けられて説明されているので、重なりそうな一つを示すことにします。

さいわい：運がよく、恵《めぐ》まれた状態にあること。しあわせ。幸福。好運。

しあわせ：幸福。好運。さいわい。また、運が向くこと。

幸福：心が満ち足りていること。また、そのさま。しあわせ。

『広辞苑』は中型辞典ですので、小型辞典の『明鏡国語辞典』第二版（二〇一〇年）も調べておきましょう。

さいわい：めぐまれた状態でしあわせなこと。さち。

しあわせ：幸運に恵まれて、心が満ち足りていること。幸福。

幸福：不平や不満がなく、心が満ち足りていること。幸せ。

『広辞苑』では、見出し「さいわい」の説明に「しあわせ」「幸福」が使われ、見出し「しあわせ」の説明に「幸福」「さいわい」が使われ、見出し「幸福」の説明に「しあわせ」が使われています。

『明鏡国語辞典』でも、見出し「さいわい」の説明中に「しあわせ」が使われ、見出し

「しあわせ」の説明に「幸福」が、見出し「幸福」の説明に「しあわせ（幸せ）」が使われており、「さいわい」「しあわせ」「幸福」の意味がとてもちかいことがわかります。

二つの語の意味が完全に同じであるならば、どちらか一つは不必要ということになりますから、「意味が完全に同じ語」は存在しないと考えることにします。ですから、「さいわい」「しあわせ」「幸福」の意味は「同じ」ではなく「似ている」。つまりこれら三語は「類義語」とみることにしましょう。

「類義語」なんだからどれでもさほど変わらない、という「みかた」は当然できます。

ぼくはそのひとのさいわいのためにいったいどうしたらいいのだろう。
ぼくはそのひとのしあわせのためにいったいどうしたらいいのだろう。
ぼくはそのひとの幸福のためにいったいどうしたらいいのだろう。

どの文も意味が変わらないように思います。前の二つの文がすべて平仮名で書かれていることとも関係があるかもしれませんが、「ぼくはそのひとの幸福のためにいったいどうしたらいいのだろう」はちょっと「かたい」感じがしないでしょうか。「いや全然」という人もいそうです。

アイルランド出身の作家、オスカー・ワイルド（一八五四～一九〇〇）に「The Happy Prince」というタイトルの作品があります。

「幸福の王子」と訳されることが多いようです。この「幸福の王子」を「しあわせの王子」と訳したらどうでしょうか。あるいは「さいわいの王子」と訳したらどうでしょう。少し「感じ」が違いませんか。

「ぼくはしあわせだなあ」と言うのと「ぼくは幸福だなあ」だとどうでしょうか。自分が好きな人から、好きだと告白されたら、「ぼくはしあわせだなあ」と言うのではないでしょうか。「ぼくは幸福だなあ」はなんだかうれしさが前面にでていない気がしませんか。「ぼくはさいわいだなあ」はさらに変な感じになりますね。

やはり、「類義語」は「類義」という面をみれば、「同じような意味の語」ですが、そうはいっても意味が異なるという面をみれば、確実に意味に違いがあるのです。そうした違いに敏感《びんかん》になることは大事です。

そして、今ここで話題にしたいのは、「コウフク（幸福）」が「かたいことば」で、「しあわせ」は「やわらかいことば」ではないかということです。豆腐《とうふ》じゃあるまいし、語に「かたい」「やわらかい」があるってどういうことだい？ と思った人は、もう少し読み進めてください。

和語と漢語

さて、「かたい」と感じる「コウフク（幸福）」はもともとは中国語でした。日本と中国は長く接触《せっしょく》してきています。その間に、中国文化をとりこんだり、受け入れたりしてきました。そんな時に中国語も一緒に日本語の中に入ってきます。日本語に翻訳《ほんやく》しやすい中国語は翻訳すればいいのですが、しにくい語とか、そもそも文化と密着している語は、そのまま中国語を受け入れることになります。

受け入れるといっても、日本語の中に受け入れるのですから、中国語そのままではなくて、日本語的に変えて「借用」するのですが、やはりもともとの「顔」や「感じ」は

ぼくは
しあわせ
だなあ
ぼくは
幸福
だなあ

なかなか変わりません。その「中国語っぽさ」が「かたさ」のもとだと思われます。

日本語として借用されるようになった中国語を「漢語」と呼びます。そういう「感じ」がもうほとんどなくなっている漢語もあります。しかし、何かの拍子《ひょうし》にそうした「かたさ」がふと顔を出すこともあります。

日本語としてできた語を「和語」といいます。外来語としての「漢語」が「かたさ」をもっているのに対して、「和語」にはそれがほとんどありません。

和語ばかりの文中に漢語を使って、そこを引《ひ》き締《し》めることもできます。しかし、うまくいかないと、なんだか調子が整っていない文になってしまいます。漢語をたくさん使って、ちょっとかたい文を作ることもできます。しかしそれも、使う場面にそぐわないと、なんだか変な感じになってしまいます。少しクイズ的に練習してみましょうか。

次の文の空欄《くうらん》に「幸福」と「しあわせ」のどちらかを入れて文を完成させてください。

改めて言うまでもないですが、一つの文として、全体の調子が整っていることがまず大事です。次にはその文がどのような「場面」で使われるかを考えてください。多くの人に向かって演説をするのか、家族の団欒《だんらん》の場での話なのか。日記に書くのか、先生に提出するのか、というようなことが「場面」です。

1　はるかさんと私の兄は、協力して、平凡《へいぼん》だが、確実な（　　　　）を手に入れた。

2　朝ご飯に大好きなシャケの塩焼きが出たので一日（　　　　）な気分だった。

3　ぺこっとお辞儀《じぎ》をしたはるひちゃんは、今までで一番（　　　　）そうに見えたなあ。

4　教育を改革しなければ、民衆の（　　　　）を保証することはできない、と王は確信した。

5　国民と共同して、自由と平等が実現した新しい（　　　　）な国家を作りたい。

6　あなたがずっと（　　　　）な気持ちでいてくれるようにと願わずにはいられない。

7　悪事によって莫大《ばくだい》な財産を築いても（　　　　）にはなれない。

8　あの人が（　　　　）なのか不幸なのかは、誰にも判断できない。

9　父母がずっとすこやかで（　　　　）に暮らしてほしいといつも願っている。

10　山上から綺麗《きれい》な日の出を見ることができたので、あたしたちの心は（　　　　）でいっぱいになった。

説明するか、感性に訴《うった》えるか

畳《たたみ》のようにおだやかな大海原《おおうなばら》の上、晴《は》れ渡《わた》った紺青《こんじょう》の空高く、一台の飛行機が、大胆《だいたん》な曲線を描《えが》いて飛んでいた。

江戸《えど》川乱歩《がわらんぽ》の「恐怖王《きょうふおう》」から引用させていただきました。

さて、波がない「大海原」を表現する時に「畳のようにおだやかな」はわかりやすいですね。ただ「おだやかな」と表現するよりも、「畳のように」と表現することで、真っ平ら感がでていますね。「～のように」のように何かにたとえて作られた表現を「比喩表現」と呼びます。比喩表現はたとえている側のことがよくわかっている時には読み手の感性に訴えかける、わかりやすい表現になります。ただし、「畳」を使ってたとえたのに、「畳って何？」ということになると、かえってわかりにくい表現となってしまいます。今は、まだ畳のことを全然知らないという人はいないでしょう。しかし、ご自宅に畳の部屋がないという人もいるのではないでしょうか。今だったら「フローリングの床《ゆか》のように」という表現のほうがわかりやすくなっているのかもしれません。あと百年経《た》ったらどうでしょう。「畳のようにおだやかな大海原」の「畳」に注をつけるようになっているかもしれませんね。

もう少し具体的に「瀬戸内海《せとないかい》のようにおだやかな」とか「室積《むろずみ》海岸のようにおだやかな」と表現したらどうでしょうか。瀬戸内海の海のおだやかさを実際に知っている人、室積海岸のおだやかさを実際に知っている人は「ああ、あんな感じか」とすぐにわかるでしょう。一方、瀬戸内海の海や室積海岸を知らない人は、まったくわからないことになります。

「畳のように」を、例えば「波一つない真っ平らな」に言い換えると、「〜のように」ではないので、誰にでもわかる表現、つまり「説明する」表現になります。誰にでもわかることは「説明」の強みです。しかし、読み手のもっている個人的な「イメージ」にはあまり訴えかけません。

どちらがいいか、ということではありません。説明したほうがいい時には説明をする。

57頁の答え
1　幸福／2　しあわせ／3　しあわせ／4　幸福／5　幸福
6　しあわせ／7　幸福／8　幸福／9　しあわせ／10　しあわせ

感性に訴えかけたほうがいい時には感性に訴えかけるような表現にする。そういうことです。なんだ、当たり前のことじゃないかと言われそうですが、そうなのです。ただし、「今はどっちが効果的なのかな」というところをしっかり判断する必要があります。

丁寧に文を仕上げる、文を読む

文が集まって文章になるということはすでに説明しました。一つの文だけで用事がすむことは少ないので、実際の言語生活では文章が情報のやりとりの単位かもしれません。しかし、そうであっても、文が集まって文章になるのだから、一つ一つの文が丁寧に仕上げられていることは大事です。一気にいい文章を書こうとしてもなかなかうまくいきません。それは一つ一つのパーツを丁寧に仕上げないで大きな物を作っても結局だめなのと同じことです。

第1章では、「読みながら考える」というタイトルのもと、「書き手」がそこにどのような「情報」を盛り込んだか、をよく考えながら読むことが大事だということを述べました。次の第2章では、「書きながら考える」ことにしましょう。

第2章

書きながら考えよう

WORLDLY WISDOM FOR 14 YEARS OLD

登場人物は何人？

スワンを送ってゆく両親の足音が聞こえた。そして門扉《もんぴ》の鈴《すず》の音でスワンの帰ったのがわかると、窓辺に飛んで行った。お母さんは父に、イセエビはおいしかったか、スワンさんはコーヒーとピスタチオ入りのアイスクリームのおかわりをしたかと訊《たず》ねていた。（プルースト『失われた時を求めて1』吉川一義訳、二〇一〇年、岩波文庫）

右の三つの文には何人の人が登場しているでしょうか。「スワン」という名前の人。「両親」「お母さん」「父」。いやいや、「両親」が「お母さん」「父」ですね。では三人？「両親」という語や「お母さん」「父」という語は、誰《だれ》でも使える語ではないのです。

いや、みんな使えるでしょと思われるかもしれませんが、使うことはできます。しかし、友達のお母さんやお父さんのことをあなたが「両親」と呼ぶことはできないですね。

「両親」という語を使った瞬間《しゅんかん》に、その「両親」はあなたの両親ということになります。

ずっと友達の話が続いていて、「その友達の両親」という表現の「その友達」を省いても自然にわかるような展開であれば、ただ「両親」といっても、「その友達の両親」であることがわかる場合もあります。

これは「視点」ということなのですが、このことについては、あとでもっと詳《くわ》しくお話しします。ここでは語にも「視点」があるということについて、もう少しだけ述べておくことにします。

語の「視点」

「蘇生《そせい》」という漢語があります。語義は〈生きかえること〉で、抽象的《ちゅうしょうてき》な意味合いで使われることもあります。いずれにしても、「死んだ（ような）状態」がなければ、「蘇生」という語は成り立たないので、「蘇生」という以上「死んだ（ような）状態」があることが前提となります。こうしたことも広い意味合いで「視点」といえるでしょう。

「幅広《はばひろ》」という語があります。「幅広のネクタイ」などといいますね。この場合、何か比較《ひかく》の対象があって、それよりも〈幅が広い〉のが「幅広」です。ネクタイでいえば、通常のネクタイの幅というものが（もちろん厳密ではないにしても）あって、それよりも幅が広いということなので、これも広い意味合いで「視点」を備えているといえるでしょう。

「崩壊《ほうかい》」の語義は〈くずれること〉ですが、まずはしっかりした構造があるもの、建物や崖《がけ》など、堅固《けんご》であるものに対して使う語です。この語も「学級崩壊」のように、抽象的な意味合いで使うことがありますが、「崩壊」という語は「崩壊しないしっかりしたもの」がある（あった）ことを前提にして使います。だから「絹ごし豆腐《とうふ》が崩壊した」とはいいにくいですね。もちろんわざとそう言うことはできます。しかしそれは「わざと」だからおもしろい言いかたになるのです。

「少人数教育」が教育機関の「売り文句」になるのは、「多人数教育」をしている教育機関があって、「それとは違《ちが》いますよ」という「売り文句」ですね。こういうことにも「視点」はかかわってきます。

豆腐が崩壊した〜〜

「キュウヤク（旧訳）」があるなら「シンヤク（新訳）」があるはずですし、「新制大学」ができるとそれ以前の大学は「旧制大学」と呼ばれるというように、「対義」も「語の視点」を意識させてくれます。小型の国語辞書などでは、「↕」というような符号《ふごう》によって対義語が示されていることが多いでしょう。

また対義が組み合わされて一語になっている「官民」「公私」「乗降」などといった語もあります。「官」と「民」との区別は厳密にできるので、「検察官」は国家公務員ということになりますね。「試験官」「面接官」は本来官立の機関における試験や面接担当者であるはずですが、そうでない場合に（思わず、あるいはうっかりして）「試験官」「面接官」あるいは「指揮官」などの語が使われることがあります。これはしかたがないかもしれませんが、「視点」が乱れているともいえます。

登場人物を入《い》れ替《か》えてみよう

さて、話をもどしましょう。先ほどの文章には、直接登場していないけれども、「お母さん」「父」を「両親」と呼ぶ「私」がいる、ということで、登場人物は四人ということになります。「スワンを送ってゆく両親の足音」を聞いているのはその「私」、「窓辺に飛んで行った」のもその「私」ですね。スワンは「私」の家で「父」と食事をしていたという場面です。

ではこの文章を「お母さん」の立場で書《か》き換《か》えてみましょう。「私」の名前はわからないので、仮に「プルちゃん」と呼ぶことにしましょう。

私は夫といっしょにスワンを門扉のところまで送って行った。その足音はどうやらプルちゃんに聞こえたようだ。門扉の鈴の音でスワンの帰ったのがわかると、プルちゃんは窓辺に飛んで来た。私は夫に、イセエビはおいしかったか、スワンさんはコーヒーとピスタチオ入りのアイスクリームのおかわりをしたかと訊ねていた。

さて、書き換えた文章をよくみてください。「その足音はどうやらプルちゃんに聞こえたようだ」と書き換えてありますね。これは筆者が勝手に「どうやらプルちゃんに聞こえたようだ」という表現にしたのです。なぜしたかといえば、もとの文章は「プルちゃん」目線の文章だから、「両親の足音が聞こえた」と表現できたのです。

ほんとうは、「プルちゃんの目線」と「物語の語り手の目線」が重なっているということなのですが、話が複雑になってしまうので、ここでは「プルちゃん目線」の文章とみることにします。

お父さん、「お母さん」はスワンさんが門を出たとたんに、「プルちゃん」が「窓辺に飛んで」来たので、スワンさんが帰って行くところを「プルちゃん」が見ていたか、少なくとも耳を澄《す》ましていた、と思った、推測した、と筆者（今野）は推測したからです。「推測したと推測した」複雑な表現になってきました。話題が複雑だと表現も複雑になります。だから少しぐらい複雑で、（もしかしたら）わかりにくい文、文章にであっても、簡単には「わからない文章だ」とあきらめないようにしてください。

もちろんうまく作られていない文、文章もあります。そういう文、文章の場合はわからなくてもしかたがないかもしれません。しかし、多くの文、文章はそうではないはずです。そうではないと信じたいですね。ですから、「読み手」であるみなさんも「ああでもないこうでもない」と悩《なや》みながら読んでください。「ああでもないこうでもない」とは「考えている」ということです。

思考力をつけなさいと言われたことはないでしょうか。大人は気楽に言うぜ、と思ったことはないでしょうか。「どうやって思考力をつければいいんですか」と質問してみるといいかもしれません。

筆者の答えは簡単です。「考えながら文章を読む」「考えながら文章を書く」です。「文章を読む」時には、「書き手」はどのような「情報」をこの文章に盛《も》り込《こ》んでいるのだろうと思いながら読むといいと思います。

「文章を書く」時には、文章を読んだ時の「ああこういう表現にこういう情報がこういう風に盛り込まれているのだな」という「気づき」を「逆回転」させるといいでしょう。

急に「逆回転」という表現を使いましたが、「文章を読む↓書き手がどのような「情報」をどのようにして文章に盛り込んでいるかがわかる」という「気づき」をもとにして、「こういう「情報」はこんな風に文章に盛り込むとこういう文章になる」と考えを進めていくのが「逆回転」です。「逆走」でもいいかもしれません。「文章を読んで気づいたことを文章を書く時にいかす」ということです。

登場人物は四人。もともとの文章は「プルちゃん目線」で、それを「お母さん目線」で書き換えてみました。その文章の「お母さん」を「お父さん」に入れ替えると（ほぼ）「お父さん目線」の文章に変わりますので、やってみてください。

さて残ったのが、スワンさんです。スワンさんは、帰って行ってしまったので、その後の出来事は知りません。だから「スワンを送ってゆく両親の足音が聞こえた」という文がぎりぎり書き換えられるか、られないか、といったところでしょう。しかし、案山《かか》子《し》、お菓子《かし》、やってみようじゃありませんか。無理を承知で。ちなみに、「しかし、案山子、お菓子」は筆者が考えて、自分ひとりでほんとに時々つぶやいている「語呂《ごろ》合わせ」的表現です。「驚《おどろ》き桃《もも》の木山椒《さんしょ》の木」と同じようなもので、「しかし」にしか意味はありません。余計なことを言いました。

「無理やり書き換え」をするためには、もともとの文章が表現していることを過不足なくとらえる必要がまずあります。「描写《びょうしゃ》を読む」ということですね。どんな「情報」が盛り込まれているか、です。「圧縮」して盛り込まれている「情報」を解きほぐす感じ

でしょうか。それが「考えながら読む」ということです。そうやって解きほぐした「情報」を今度は文章として「再構築」する。それが「考えながら文章を書く」です。

ではやってみましょう。「スワンさん目線」の文章です。

プルちゃんの両親は私を門扉の所まで送ってくれた。プルちゃんはきっと私が帰ったのを確認しようと耳を澄まして聞いていることだろう。門扉の所まで歩いて行く私たちの足音は案外響《ひび》いていた。きっと私が門扉を出たとたんに、門扉の鈴の音を聞きつけてプルちゃんは窓辺のあたりに飛び出して来ることだろう。プルちゃんのお母さんは、料理のできばえを気にしている様子だったから、お父さんに「イセエビはおいしかったか」とか「スワンさんはコーヒーとピスタチオ入りのアイスクリームのおかわりをしたか」などと訊ねているかもしれない。

はい、無理やりの書き換えなので、「なんだかできがよくないぞ」と言わない、言わない。できばえはともかくとして、文章ががらっと変わることはわかりますね。そして、いろいろなことを想像しなければいけなくなります。想像じゃなくて「妄想《もうそう》」かもしれませんが、「妄想」おおいにけっこう。「妄想」も思考力のうちです。

みなさんも自分でいろいろとチャレンジしてみてください。正解はないといってもいいかもしれません。いろいろな「書き換え」がありそうです。

では次に、宮澤賢治『銀河鉄道の夜』を登場人物の「カムパネルラ目線」で書き換えてみましょう、と言おうと思ったのですが、それはすでに作家の長野まゆみさんによって『カムパネルラ版　銀河鉄道の夜』（二〇一八年、河出書房新社）という題名の本として出版されています。この本を参考にしながら、『銀河鉄道の夜』の書き換え練習をするのもおもしろいかもしれません。

文には視点がある

もうおわかりになったことと思いますが、文には「視点」があるのです。

それはちょうど、カメラで風景を撮影《さつえい》するようなものかもしれません。山に登って、視界が開けた場所から眼下を見わたすと綺麗《きれい》な風景が広がっています。それをカメラやスマホで撮影しようと思った時は、その風景のどこかに焦点《しょうてん》をあて、ある範囲を写真として写すことになります。風景はいわば無限に広がっているわけですが、それをすべて写真に撮《と》ることはできないのです。

文も同じことです。

今、部屋の中で、タイの女の子パビーナちゃん、男の子カセム君、ネパールのスンダリちゃん、ダワ君、モンゴルのボロルマーちゃん、ナランバータル君、日本のみさきちゃん、あきら君が遊んでいます。部屋はかなり広くて、みんな思い思いのことをしています。

さて、この部屋の中の様子を文章にしようと思ったら、パビーナちゃんとスンダリちゃんが一緒《いっしょ》に遊んでいるとか、カセム君とナランバータル君とあきら君とがゲームをしているとか、少しずつ文章化していくしかありません。一つの文に部屋全部の様子を書くとしたら、「広い部屋でこどもが八人遊んでいた」とでも書くしかないでしょう。

そういう書きかたはもちろんあるのですが、もうちょっと具体的に書こうと思ったら、カメラで何枚かの写真に分けてうつしていくように、幾《いく》つかの文に分けていくしかありません。

文を並べていくと文章ができるという話はすでにしました。「並べていく」ということはそこには「順番」があるということです。

1「何時《いつ》も気難しい顔をしていたって、もうだめよ、あなたは踊《おど》ることが本統《ほんとう》は好きなのよ、あたくしそれがちゃんと分かったの。」

劉子《りゅうこ》は何か松平のなかのものを見ぬいたように、そう云《い》って真黒に煙《けむ》っている眼を向けた。

室生犀星《むろうさいせい》（一八八九〜一九六二）の『青い猿《さる》』（一九三二年、春陽堂）という本の中の一節です。漢字字体、かなづかいを調整して引用しました。鉤括弧《かぎかっこ》に入っている会話文中の「あなた」が「松平」、「あたくし」が「劉子」であることはすぐにおわかりでしょう。このくらいでは「視点」という必要もないかもしれません。当たり前でしょう。

では、次の文章と比べてみましょう。

2「何時も気難しい顔をしていたって、もうだめよ、あなたは踊ることが本統は好きなのよ、あたくしそれがちゃんと分かったの。」

私は何か松平のなかのものを見ぬいたような気がして松平に眼を向けた。

2の文章は「私」「あたくし」の視点で語られていることがわかるでしょうか。2と比べると、1は「あなた」と呼ばれているのが「松平」、「あたくし」と呼ばれているのが「劉子」で、「松平」も「劉子」もそう呼ばれていることからすれば、まだ他に二人を見ている人物がいることになります。

それが作品を語っている人物として設定されている人物です。その人物は「劉子」の眼が「真黒に煙っている」ことを見ているわけです。ですので、2が「私は何か松平のなかのものを見ぬいたような気がして松平に真黒に煙っている眼を向けた」だと「私」が自分の眼のことを描写しているので「おかしい」ことになってしまいます。

魚はとれないから釣りはやめたほうがいいよ
魚はとれないから釣りはやめたほうがいいよ

「主語は誰か?」が大事であることはわざわざ言わなくてもいいようなことでしょう。でもやはりそれは大事なことなのです。先ほど、登場人物を入れ替えてみました。「同じことがら」であっても、見ている人によって「どのように見えるか」はがらっと変わります。ですから、「誰がそう発言しているか」は大事です。

「この湖では魚はとれないから釣《つ》りはやめたほうがいいよ」と言っているのが、そこで釣りをしたことのある人である場合と、その湖の自然保護をしようとしているグループの人である場合とでは、文の意味合いが変わってきますね。「釣りをしてもむだだからやめたほうがいいよ」と言ってくれているのと、自然保護の立場から「釣りをしないでください」と言っている違いです。

文の途中《とちゅう》でいわゆる「主語」が変わることはありますから、前半はAさん目線、後半はBさん目線ということはあり得ることですが、それはそれで「視点」に一貫性《いっかんせい》がなければいけません。そういうことにも少し注意してください。

文章には文の並び順がある

十の文でひとまとまりの文章を作る場合、十の文のどれかがまず最初にあり、次にこの文があり、というように並べていって、十の文全部を並べ終わった時に文章が完成します。

「読む」場合を考えるとわかりやすいかもしれないですね。十の文からできている文章を「読む」時には最初から読んでいきますね。それで順々に読んでいって、最後の文にたどりつく。文章はそういう風に、最初の文から始まって、最後の文で終わるという「並び順」があります。

最初があって、最後があるというのは音楽と同じですね。それに対して、絵画には最初も最後もないですね。「モナリザ」はここから見ないと、なんてことはないわけです。絵はどの部分から見てもよく、どの部分で見終わってもいいわけです。だから絵には最初も最後もない。

この最初と最後がある、ということは結局「時間の経過」と関係しているということでもあります。「時間」は川の流れにたとえられることがありますが、一方向に流れていくのが時間です。

さっきの部屋の中を文章にまとめる場合も、「パビーナちゃんとスンダリちゃんが一緒に遊んでいます」と書き始めると、パビーナちゃんとスンダリちゃんは嬉《うれ》しいでしょう。自分たちが一番初めの文になっているからです。一方、ダワ君やあきら君はちょっとおもしろくないかもしれません。「なんでぼくたちはあとまわし」と思うかもしれません。

しかし、これはしかたがないのです。何かから書き始めなければならない。全部同時に、は無理なのです。それで、そういうつもりがなくても、やっぱり最初に重要な「情報」が置かれているのではないか、と「読み手」は思います。

ずっと文章を読んでいって、最後の最後にもっとも大事な「情報」が置かれているということもないではないです。しかし、多くの場合は、文章の最初のほうに大事な「情報」が置かれます。「読む」場合も「書く」場合もそういうことをちょっと頭に入れておくといいでしょう。

このことと第1章で述べた「大きなことば」「小さなことば」とは少し関係があります。「大きなことば」から始めてだんだんと「小さなことば」へ向かう。「小さなことば」で始めてだんだんと「大きなことば」へ向かう。どちらも「あり」です。

ただ、「大きなことば」で書いたかと思えば「小さなことば」になり、また「大きなことば」になって、再び「小さなことば」になる、というような文や文章はとても読みにくいものです。顕微鏡《けんびきょう》の倍率が高くなったり、低くなったりして、見ている物が急に大きくなったり小さくなったりしているようなものです。目がちかちかしてしまいます。

文の並び順実験

ではちょっと実験をしてみましょう。次に堀辰雄《ほりたつお》（一九〇四〜一九五三）『風立ちぬ』の一節をあげます。どのような順番で文が並んでいたかを考えてみてください。振仮名は必要に応じて調整しました。

1 それはしかし殆《ほとん》どあるかないか位の足音だった……

2 ときどき何処《どこ》かの木からどおっと音を立ててひとりでに崩《くず》れる雪の飛沫《ひまつ》を頭から浴びながら、私はさも面白そうに林から林へと抜《ぬ》けて行った。

3 漸《ようや》く雪が歇《や》んだので、私はこういう時だとばかり、まだ行ったことのない裏の林を、奥へ奥へとはいって行って見た。

4 勿論《もちろん》、誰もまだ歩いた跡《あと》なんぞはなく、唯《ただ》、ところどころに兎《うさぎ》がそこいら中を跳《は》ねまわったらしい跡が一めんに附《つ》いているきりだった。

5 しかし何処まで行っても、その林は尽《つ》きず、それにまた雪雲らしいものがその林の上に拡がり出してきたので、私はそれ以上奥《おく》へはいることを断念して途中から引っ返して来た。

6 また、どうかすると雉子《きじ》の足跡のようなものがすうっと道を横切っていた……

7 私はなんだか急に心細そうに雪を分けながら、それでも構わずにずんずん自分の小屋のありそうな方へ林を突切《つっき》って来たが、そのうちにいつからともなく私は自分の背後に確かに自分のではない、もう一つの足音がするような気がし出していた。

８　が、どうも道を間違《まちが》えたらしく、いつのまにか私は自分自身の足跡をも見失っていた。

答えは、３２４６５８７１の順番です。どうでしょう。できたでしょうか。右の八つの文のどこに着目すると順番が推測できるか、説明してみましょう。

すぐに一番初めの文がわかればいいのですが、それはちょっとわかりにくそうです。ですので、どの文とどの文とがつながっているかをまず考えてみます。

８の「道を間違えたらしく」が目をひきます。この「道を間違えた」に注目すると、７の「急に心細そうに」がつながりそうな感じがします。８７とつながると仮定してみましょう。７には「足音」が使われています。他に「足音」が使われているのは１だけです。１には「それはしかし」とあって指示語「それ」が使われているので、７１の順番が推測できます。そうすると８７１ですね。

今度は4の「歩いた跡」「兎がそこいら中を跳ねまわったらしい跡」の「跡」に注目しましょう。6に「足跡」があります。6には「また、どうかすると」とあって、「また」ですから、46の順番が推測できます。5に「途中から引っ返して来た」とあって、これが8の「が、どうも道を間違えたらしく」につながりそうですね。そうすると8の前が5で、5871がまとまってきました。5には「その林は尽きず」とあって、「その林」となっています。そうすると5の前に「林」という語がないといけません。「林」は2にありますね。2の「林から林へと抜けて行った」と「しかし何処まで行っても、その林は尽きず」はつながりそうです。そうであれば25871です。

ここまでを整理すると、46というまとまり、25871というまとまりがありそうです。残っているのは3だけです。

3は「漸く雪が歇んだので」から始まっていて、どうもこれが右の文章の最初のような感じです。3を仮に最初と仮定しましょう。3には「奥へ奥へとはいって行って見た」とあります。「奥へ奥へと」と2の「林から林へと」とが似た表現になっています。さて、「奥」と「林」ではどちらが「大きなことば」でしょうか。「林」のほうが少し具体性がありますね。ということは「奥」が「大きなことば」ということになります。他の文には兎がでてきたり、雉子の足跡がでてきたりして、かなり具体的な話です。そうすると３２の順番で、ことばがだんだんと「大きなことば」から「小さなことば」へと展開していっているということになります。そうであれば、３２５８７１というまとまりと４６というまとまりがあるところまでわかってきました。

３が最初という判断が間違ってなくて、３２がつながっているという判断も間違ってないのだとすれば、４６は５８７１のどこかにわりこむことになります。あるいは５８７１の前か後に４６がつく。１の後に４６はこないですね。そうなると４６５８７１はどうでしょうか。これがよさそうです。ということで、３２４６５８７１ということになります。

どうですか。できたでしょうか。語と語とが重なり合いながら、情報が展開していく感じがつかめましたか。これが文と文とをつなぐということです。

接続詞をきちんと使って文と文とをつなぐということがよくいわれます。もちろんそれは大事なことです。しかし、もっと大事なのは、文と文とが右で見てきたように、情報を重ねながら展開していくということです。それがわかってくれば、文章を「読む」ことも上手になるし、「書く」ことも上手になり、そして何より考える力がついてきます。

再び情報の圧縮と解凍《かいとう》、そして盛り付け

「はじめに」で文は「あなたが他の人に伝えたい内容＝情報」を「圧縮」して盛る「器《うつわ》」だということを述べました。ここで、もう一度そのことについて実験しながら考えてみたいと思います。

「モル（盛る）」という語を聞いたことがあるでしょうか。「話を盛る」なら〈話を少し大げさにする〉ということ、「盛ってパーティーに行った」なら〈いつもよりずっときれいに見えるようにしてパーティーに行った〉というようなことでしょう。本書でも「盛り付け」という表現を使っています。これは〈料理をお皿などに載せること〉ですが、やはり〈きれいにまとめて〉というようなことが含《ふく》まれている語です。

麻婆豆腐《マーボーどうふ》が出来たから、器に入れておいてください。
麻婆豆腐が出来たから、器に盛り付けてください。

少し違いますね。「器に入れておいてください」の「器」は保存容器のような感じがしませんか。一方「器に盛り付けてください」はこれからお客様に出す、というような感じがしますね。

「書き手」が「圧縮」して文という「器」に入れた情報を「読み手」は「解凍」して理解します。理解するだけなら、「解凍」すればいいのですが、どういう情報であるかを「読み手」がさらに他の人に文で説明するのであれば、やはりきれいに盛り付ける必要がでてきます。

「説明」は他の人のためにするのですから、説明をするあなたは今度は文の「書き手」になるわけです。このように、文を「読む」場合でも、読んで「こういうことだろう」という「解凍」作業までは「読み手」ですが、誰かに説明するために、それをまた文のかたちにする場合は、「書き手」になります。

だから文、文章を読む時に、読んでいる文、文章の内容を「ふん、ふん、なるほど」と理解するだけではなく、その「ふん、ふん、なるほど」をあなたのことばとして他の人に伝えてみるといいのです。「はなしことば」で説明してもいいですし、「かきことば」として文、文章によって説明してもいいのです。

そうすることによって、文を読むあなたは、「読み手」「書き手」両方になり、両方の立場で頭を使い、考えることになります。

俳句から物語を作る

まず、解凍、盛り付けの練習として、俳句から物語を作ってみましょう。一つの俳句をもとにして、そういうことがこういう俳句にまとめられているのだ、という説明をするということです。

いくたびも雪の深さを尋《たず》ねけり

明治二十九（一八九六）年に正岡子規《まさおかしき》（一八六七～一九〇二）が作った俳句です。この句を作ったころ、子規は東京根岸の子規庵《しきあん》で、母八重《やえ》と妹律《りつ》の献身的《けんしんてき》な看護を受けながら病床《びょうしょう》生活を送っていました。外には雪が降っていますが、起き上がることができない子規はその様子が見えません。

句の作者の「情報」を考えに入れて、作者はどんなことを表現したかったのだろうと考えることはもちろん自然なことです。普通《ふつう》はそういう「作者目線解凍」をします。しかし、ここではそうではなくて、「実験」をしたいのです。どういう「情報」をもとにこういう句が作られる可能性があるか、ということです。

「可能性」は可能性ですから、夏目漱石《なつめそうせき》（一八六七～一九一六）が帝国《ていこく》大学で授業をしている時に、ふと教壇《きょうだん》の上で逆立ちをする「可能性」はあるわけです。現在の時点で、夏目漱石がそうした、ということは確認できていないでしょう。だからといって、「しなかった」とはいえません。だから「可能性」は依然《いぜん》としてあるわけです。

でも、この「可能性」は実現度がひくそうです。だから「可能性」はあるけれども「蓋然性《がいぜんせい》」はひくい。「蓋然性」は、〈あることがらが実際に起こるかどうかの確実さの度合い〉のことです。「確からしさ」や場合によっては「実現する確率」とみてもよいでしょう。

ここで試みる「解凍・盛り付け実験」ではいろいろな「可能性」を考えてみようということです。筆者が考えた盛り付け例を示してみましょう。

ここは日本でも有数の豪雪《ごうせつ》地帯です。この豪雪地帯には、地域全体に自動的に雪をとかす「融雪《ゆうせつ》システム」が導入され、それを「融雪システム管理機構」という県の機関が管理しています。句の作者である「私」はその機関で「融雪システム」の管理責任者をつとめています。

「融雪システム」は「融雪システム管理センター」内に設置してある積雪計で計測した「雪の深さ」が七十センチメートルを超《こ》えた時に稼働《かどう》させることになっています。稼働を決めるのは管理責任者です。今日は日曜日なので、「私」は自宅にいます。しかし、昨日計測した時に積雪はすでに六十センチメートルを超えていました。昨日から今日にかけて、雪は降り続いています。今日はきっと七十センチメートルを超えるだろうなと思って自宅にいる真面目《まじめ》な「私」は「雪の深さ」が気になってしかたがありません。管理センターには、日曜日出勤をしている職員さんがいます。「私」はお昼までに管理センターにもう五回も電話をかけて「雪の深さ」を尋ねました。六回目のことです。「積雪量が七十センチメートルを超えています」という職員さんの返事が返ってきました。それを聞いて「私」は「融雪システム」を稼働させるように指示を出しました。

いつ稼働になるかをずっと気にしていた「私」はほっとしました。ほっとして電話を切るとそばにいた「私」のこどもが、「朝から六回も電話してたよ」と言いました。「私」は「ああ、そんなに頻繁《ひんぱん》に電話をしていたのだ」と気づきます。その時に浮《う》かんだのが「いくたびも雪の深さを尋ねけり」です。

こんな感じです。いかがでしょうか。「可能性」の幅を最大限にちかくとってみました。筆者が考えた「解凍ポイント」を簡単に説明しておきましょう。

まず、「雪の深さを尋ね」ている「私」です。この「私」は雪が降っていることは知っているのに、「雪の深さ」を尋ねています。自分で（測ってではないにしても、目で）確かめることができれば、他人に尋ねる必要はないはずです。ですから、この「雪が降っていることは知っているのに、雪の深さを他人に尋ねる私」はどういう「私」なのかを考えることが「解凍ポイント1」です。

「雪の深さ」を尋ねられた人が何センチメートルという答えかたをするかどうかはわかりません。庭の敷石《しきいし》が見えなくなったとか、花壇《かだん》が雪でおおわれているとか、水道のそばに置いてあるバケツの高さまで雪がきているとか、そういう答えかたもあるでしょう。「私」は自分の目で、どのくらい積もっているかを確認できないために、言語化したかたちで「雪の深さ」を知りたいのです。それが句でいっている「深さ」ではないかと思います。

さて「解凍ポイント2」は「けり」です。「けり」は「気づきの助動詞」などと呼ばれることがあります。「ああ、そうだったんだ」と気づくということですね。右の句は「（自分が）何回も雪の深さを他の人に尋ねた」ということに気づいたという句なのです。

自分の行動を自分で認識したといってもよいでしょう。

こうした「解凍ポイント１」「解凍ポイント２」をふまえた「物語」を作るということがここでの「実験」です。

みなさんも是非《ぜひ》やってみてください。右の句でやってみてもいいですし、いやいや新たにやってみたい、という人のために、同じ正岡子規の句で有名なものを二つ「課題」としてあげておきましょう。「ありぬべし」は〈あるだろう〉と理解することにしておきましょう。「あるだろう」はなんだか無責任というか、人ごとみたいな感じがしますか？　そうだとしたら是非、その「無責任感／人ごと感」を物語に盛り込んでみてください。

柿食《かきく》えば鐘《かね》が鳴るなり法隆寺《ほうりゅうじ》
鶏頭《けいとう》の十四五本《じゅうしごほん》もありぬべし

小論文も同じこと

例えば「私にとっての外国語」というタイトルで四百字程度の小論文を書きなさいという問題が出たとします。「私にとっての外国語」は九文字ですから、この九文字を四百字の「物語」にするようなものです。もちろん小論文は「物語」を作るということとは違うので、論じなければいけません。でも、タイトルという「圧縮された情報」を解凍し、四百字程度で盛り付けるという点においては同じことです。

本書は小論文の書きかたを直接「トレーニング」しようとはしていません。ですので、ここまで述べてきたことなどと関係させながら、簡略にポイントを述べることにしましょう。まずこの解凍のポイントは「私にとっての外国語」という、かなり抽象的なお題を「私にとって」という個人的な話として展開できるかどうか、というところにあります。

本書のことばでいえば、タイトルの「私にとっての外国語」はかなり「大きなこと

ば」です。そのまま、「これからの日本社会では外国語を学ぶことは大事だ」というような「大きなことば」で小論文を仕上げてしまうと、すごく抽象的な話としてできあがってしまいます。主張はもっともだが、もっともすぎておもしろくない、ということです。

もちろん小論文はおもしろく書くことが大事なのではありません。小さくても論文ですから、きちんと論じることが大事です。しかし、「もっともすぎること」は誰でもわかっているし、誰でもそこまでは当然だと思っているでしょう。「世界に平和が訪れること」が人類の望みであることは疑いないでしょう。しかし一万回「世界に平和が訪れるといい」と言ってもそれが実現できるわけではないのです。その、なぜ実現できないかについて述べなければ、「私にとっての世界平和」という小論文ではいい評価がもらえないだろうと思います。そういうことなのです。

「私にとっての外国語」は「私」側に重点をおいた「小さなことばで語られる具体的な物語」と、「現代社会において外国語を学ぶことの意義」という「外国語」側に重点をおいた「大きなことばで語られる抽象的な物語」をほどよいバランスで配合した文章として仕上げる必要があります。

この「ほどよいバランス」はとても大事です。「大きなことば」だけで語ると、先ほど述べたように、「もっともだけどそれが何か?」みたいになりやすいですし、「小さなことば」で「私」の実体験だけを並べると、具体的でわかりやすいけれども、論としての主張がない、ということになります。「今日は寒くて朝起きるのが遅《おそ》くなりました」は具体的ですが、「論」ではないのです。

物語を俳句にする

俳句から物語を作ったのですから、今度はその「回路」を逆にたどってみましょう。文、文章（物語）を五七五、十七音の俳句にするという試みです。俳句から物語を作るのは、いわば「妄想的解凍」（笑）で、想像力がたくましい人は比較的やりやすいかもしれません。物語を俳句にするのは、「圧縮」も「圧縮」、「究極の圧縮」といってよいでしょう。はたしてそんなことができるのでしょうか?

太宰治《だざいおさむ》（一九〇九〜一九四八）の「走れメロス」は知っている人が多いと思います。ここでは「走れメロス」はどういう作品か、ということを話題にするつもりではないので、例えば、「走れメロス」は「友情の大切さを訴《うった》えた作品」、あるいは「他人を信頼《しんらい》することの大切さを訴えた作品」だと仮定します。

友情がメロスをどこまでも走らせる
信頼を走って示すメロスかな

いやあ、ひどいひどい。ひどいできばえですが、まあ肩慣《かたな》らしと思ってください。

芥川龍之介《あくたがわりゅうのすけ》（一八九二〜一九二七）の「蜘蛛《くも》の糸」もよく知られていると思います。これを「人間の欲の重さに耐《た》えかねて」という俳句にするのはどうでしょうか。「耐えかねて」蜘蛛の糸が切れるということですね。「走れメロス」より少しはましかもしれません。

コナン・ドイル（一八五九〜一九三〇）の作り出した「シャーロック・ホームズ」の

一連の物語は有名ですね。みなさんも作品をお読みになったことがあるのではないでしょうか。その名探偵《めいたんてい》「シャーロック・ホームズ」の宿敵ともいえるような存在として設定されている人物をご存じでしょうか。

「最後の事件」という題名の作品の中で、ホームズは「彼《かれ》は犯罪界のナポレオンだよ、ワトソン君。この大都会の半分の悪事、ほぼすべての迷宮入り事件が、彼の手によるものだ」と述べています。この「彼」がホームズの宿敵、「モリアティ教授」です。

推理漫画『名探偵コナン　時計じかけの摩《ま》天楼《てんろう》』（一九九七年）には建築家の「森谷《もりや》帝二《ていじ》」という人物が登場しますが、この「森谷帝二」は「モリアティ教授」からつくったものだと思われます。大人気の漫画《まんが》作品『憂国《ゆうこく》のモリアーティ』（二〇一六年より連載中）は、この「モリアティ教授」を主人公にした漫画です。

さて、「最後の事件」で、ホームズとモリアティ教授はライヘンバッハの滝《たき》に落ちて、命を落とした、ようにみえます。実際は（というと変ですが）、再びホームズが登場する作品が書かれているので、ホームズは死んでいなかったわけですが、とにかく「最後の事件」ではそういうことになっています。シャーロック・ホームズシリーズを読んでいくと、この「最後の事件」は非常に印象的です。またこの滝に落ちてしまう場面の描写はドラマティックで、記憶に残ります。その場面を掲《かか》げておきましょう。

彼のすすめもあって、わたしたちは四日の午後、出かけることにした。山を越えて、ローゼンラウイの村で一泊するつもりだった。ただし、すこし遠回りするだけで済むのだから、山の中腹にあるライヘンバッハ滝を絶対見ていけと強くすすめられた。

そこは全く、おそろしい場所だった。雪解け水でふくれあがった急流が、大きな深い淵《ふち》に向かって急落突進しており、まるで燃えている家からたちのぼる煙のように、水しぶきがその淵から、もうもうとわきあがっていた。川が流れ込むのは、きらきら輝く石炭のような黒い岩に囲まれた、大きな割れ目で、泡立ち、沸《わ》きかえっている、想像を絶する深さの滝壺《たきつぼ》に向かって狭くなっている。（略）

一生懸命がんばったが、ライヘンバッハ滝にもう一度たどりついたのは二時間後だった。ホームズと別れた場所に、彼のアルペンストック（登山杖）が岩に立てかけたままになっていた。しかし、ホームズの姿はなかった。叫んでみたがむだだった。わたしの叫び声がこだまになって周りの絶壁からはね返ってくるだけだった。彼のアルペンストックが残っているということが、わたしをゾッとさせ、失望のどん底に突き落とした。それでは、彼はローゼンラウイへは行かなかったのだ。彼は断崖と絶壁の間の幅三フィート（約一メートル）の小道で、敵に追いつかれたのだ。（略）

専門家が調べた結果、こんなところで争えば当然の帰結だが、二人はとっ組み合って、腕をからませたまま、転げ落ちたことに疑いの余地はなかった。遺体の回収は、全く絶望的だった。水が渦を巻き、泡が沸き立つ、あの恐ろしい滝壺の底深くに、この時代の最も危険な悪党と、最高の法の擁護者《ようごしゃ》とが永遠に横たわっているのだ。（『シャーロック・ホームズの思い出』小林司・東山あかね訳、河出文庫）

描写も具体的で、なかなかドラマティックですね。「私」はワトソンのことです。さて、かなり難しい「課題」ではありますが、右の文章を俳句にしてみましょう。

1　滝壺《たきつぼ》にからまり落ちる善と悪
2　人間の善悪の叫《さけ》び滝の音
3　人間の叡智《えいち》飲み込む山の滝
4　ホームズの終焉《しゅうえん》の地となる山の滝
5　滝壺に善と悪とが飲み込まれ

まあ、はっきりいって、どれも駄作《ださく》だと思いますが、ここは俳句の善し悪しを競うところではないので、「情報の圧縮」ができていればいいということにしたいと思います。右に示した文章中にも「この時代の最も危険な悪党と、最高の法の擁護者とが永遠に横たわっている」と記されています。「最も危険な悪党」「最高の法の擁護者」が「対句」表現になっていますね。「モリアティ教授」と「ホームズ」はそういう対比のもとに登場人物として設定されているはずです。ですから、これを句にうまくよみこみたい。

ホームズ
終焉の地

１２５は「善と悪」「善悪」という表現でそれをとらえ、句によみこんでみました。

一方、４は「ホームズ」のみをとらえ、３はそれを「人間の叡智」と表現してみました。やはり「最後の事件」というシャーロック・ホームズシリーズの作品なので、「ホームズ」のみに焦点をあてることは「あり」でしょう。

二人が滝壺に落ちていった、ということは場面としてもショッキングですし、滝壺周辺の自然が具体的に描き込まれていることは、この文章の特徴《とくちょう》でしょう。自然の懐《ふところ》へ帰ったというか、自然に包まれて眠《ねむ》っているというか、そういう感じが描かれていると思います。ですから、やはり「滝壺」や「滝」も句に入れてみたい。ほんとうは「ライヘンバッハの滝」というように固有名詞を入れたいところなのですが、「ライヘンバッハ」の拍数が多いために、これを入れると句のかたちがくずれてしまいます。それで、滝壺周辺の自然が描かれていることをいくらかでもとりこむために「山の滝」という表現を使ってみたのが３と４です。

書きながら考える

「まず頭の中でよく考えてから書きなさい」と言われたことはないでしょうか。しかし、ここまでこの本でやってきたことは、「よく考えてから文を書きましょう」「まず下書きをしてから文を書きましょう」というようなこととは少し違うということはおわかりいただけたのではないかと思います。

よく考えて書くことによって、考える力を強化するとでもいえばよいでしょうか。あるいは「書く」という行為《こうい》を通して考える力をつけましょう、といえばよいでしょうか。とにかくそういうことなのです。結局「頭の中」で考える時にも言語を使っているのです。人間が言語を使って考えているのだとすれば、言語を使う時に考えるしかないということになります。

注意深く考えながら丁寧にことばを「読み」「書く」という普通のことを積み重ねていくことによって、考える力もつき、読む力も書く力もつくはずです。そしてまた、そうやって、「考える」「読む」「書く」を一緒にのばしていくのがいいと思います。

第3章

考えながら書こう

WORLDLY WISDOM FOR 14 YEARS OLD

情報を疑え！

チンパンジーは人間の四歳《さい》程度の知能を持っているので、三歳の人間よりも頭がよい。

右の文を読んでどう思いましたか。チンパンジーが「人間の四歳程度の知能」を持っているのだとすれば、「三歳の人間よりも頭がよい」ことになるな、と思ったでしょうか。いやいや待て待て、「知能を持つ」と「頭がよい」とは同じことなのか？　と思った人もいるかもしれません。いやいや、そもそも「チンパンジーは人間の四歳程度の知能を持っている」ということはどうやってわかったのか。何か実験とか、観察とかをしたのだろうか、それは誰《だれ》がどういうかたちで主張したのか、何かの本に書いてあるのか、と思った人もいるかもしれません。

今は「情報」があふれています。ですから、必要な「情報」を探し出すよりも、不必要な「情報」や誤った「情報」を使わないようにする、「情報」を捨てることが大事になっているといってよいでしょう。捨てるとなると、やたらに捨てることはできませんから、きちんと「判断」することが必要になります。この場合の「きちんと」は「論理的に」ということでもあります。「情報」と「情報」とが「きちんと」つながっていたとしても、「情報」そのものが不確かであったり、誤っていたりしてはいけません。そのことについても「判断」し、考える必要があります。

「人間の四歳程度の知能」が「三歳の人間の知能」よりも「高度」であるとはいえるでしょう。その「判断」はそれでいいわけです。つまり「つながり」はいい。ただし、先に述べたように、「知能」と「頭がいい」とは同じことなのかどうか、という点には疑問が残ります。また、チンパンジーが「人間の四歳程度の知能を持っている」ということそのものを疑う場合は、「情報」そのものを疑ったことになります。

こう書くと、「考えるということは疑うということか？」と聞かれそうですが、その通りです。すべてを疑う。もどれるだけもどって「そもそも」から考える。これが「考える」ということです。

論理的って何？

この章では「考える」ということに重点を置くので、「考える」ということそのものについても少し話題にしたいと思います。

ここまではただ「考える」という語を使ってきましたが、少しことばを補えば「筋道をたてて考える」「筋が通っているかどうかを考える」ということです。「筋道をたてて」「筋が通っている」は「論理的に」といってもいいでしょう。「論理的に考えなさい」「論理的な文章を書きなさい」「論理的に間違《まちが》っている」など「論理的」ということばは学校でも社会でもよく使われます。しかし「論理的」って何でしょう。それがある程度わかっていないと「論理的な考えかた」とか「論理的な文章」がどういうものかもわからないことになります。それこそ「論理的ではない」ことになります。

ちょっと辞書を調べてみましょう。『三省堂国語辞典』第七版（二〇一四年）の見出し「ろんり［論理］」は次のように説明されています。

①ある事実から、当然、次の事実が言えるという、話のすじみち。
②特有の考え方。
③事実の間にみられる、深いつながりや理由。（以下略）

②は「政治家の論理」や「富裕層《ふゆうそう》の論理」のように、限定された考えかたを指しているので、今ここでは話題からはずして①③を使って話を進めましょう。

①には「ある事実」「次の事実」と記されています。③には「事実の間」という表現が使われています。そうすると「事実A」から「事実B」へのつながりが「論理」ということになりそうです。その「つながり」は①では「当然」そうなると説明されていますし、③では深くつながっている、つながる理由がある、と説明しているように思われます。もう少し整理してみましょう。

「事実」は〈実際に起こったこと〉です。「起こったこと」というと〈できごと〉に限定されているような感じですが、ある本に書いてあることも「事実」といってよいでしょう。だから「事実」を〈何らかの方法で確認できることがら〉と考えておきましょう。

四月なのに「東京で雪が降った」が「事実」なら、それを見た人がたくさんいるはずです。スマートフォンでそれを撮影《さつえい》した人もいるでしょう。次の日の新聞にはそのことが記事になっているでしょう。そういうことによって、「東京で雪が降った」ことが「事実」であると確認できます。

「ある本に書いてあること」も、それが実際に起こったことかどうかは別として、「ある本に書いてある」ということは確認できますよね。「ある本」がどういう題名の本で、誰が書いたか、いつ出版されたかなどがわかっていれば確認できますね。

インターネット上の「情報」も、その「情報」が載《の》せられているサイトの名前とか、「URL（Uniform Resource Locator）」とかがわかればその「情報」を確認することができます。ちなみにいえば「URL」はインターネット上の位置を特定するためのもので、日本語では「統一資源位置指定子」と訳されていますが、今は「ユーアールエル」と頭文字で呼ぶことがほとんどですね。

ライオンが商店街を歩いている!

画像と文字による説明とが組み合わせられた「情報」の場合、気をつけないといけないことがあります。

インターネットにライオンが商店街を歩いている画像が載せられていて、そこに「ライオンが動物園から逃《に》げた」という説明がついていたとします。

商店街を歩いているライオンの画像が、「①合成されたもの」であるか、それとも「②どこかで実際にそういうことがあった時に撮影された画像」か、「③今現実にどこかで起こっていることを撮影した画像」か、まず画像についてだけでもそういう疑問が生じます。

②と③の場合は「ライオンが商店街を歩いている」ことは「事実」ですが、「今」ということに関しては③のみが「事実」であることになります。①は「事実」ではないですね。しかし、「インターネット上に「ライオンが商店街を歩いている画像」が載せら

れている」ということは「事実」なのです。そして「ＵＲＬ」をたどれば、それが確認できます。

画像の商店街がどうもうちの近くの商店街みたいだ、ということになれば「そりゃたいへんだ」と思います。この場合の「そりゃたいへんだ」はこっちへライオンが来るかもしれないとか、弟がさっきその商店街に買物に行った、ということです。つまり、この場合の「事実」は「今実際に起こっていること」です。「ライオンが商店街を歩いている画像がインターネットに載せられた」だけでは「そりゃたいへんだ」ということにはならないわけです。

その画像に「ライオンが動物園から逃げた」という説明がついていて、「動物園」の名前まで書いてあれば、その動物園周辺に住んでいる人は「そりゃたいへんだ」ということになります。画像だけでは場所が特定できない場合でも、動物園が特定されていれば、広範囲《こうはんい》の人が「そりゃたいへんだ」と思います。そしていったん文字による「情報」が広がり始めれば、それがあたかも確かな「事実」のように受け止められることはありがちです。

ホント！
ホント？
ホント？
ホント？

このことは、おおもとにある「情報」が「事実」かどうか、ということが重要であることを示しています。ですから、「書く」ということには直接かかわらないのですが、しかしまずわたしたちは、自分が文、文章を書く場合には、起点としておおもとに置く「情報」が確かなものであることを確認してから書き始める必要があります。あやふやな「情報」を起点として文、文章を書き始めたら、もうそれだけで書いた文、文章があやしいものになってしまいます。

昼ご飯を外食にする人は電車で居《い》眠《ねむ》りをしやすい？

さきほど国語辞書の「ろんり［論理］」の説明をあげました。整理すると、「ある事実」があって、そこから次の「事実」への道筋がしっかりしていると理解できそうです。「ある事実」があるとこういう「次の事実」へつながることが多いと説明してもよいかもしれません。「道筋がしっかりしている」は「道筋がしっかりしていると多くの人が感じる」ということですし、「つながることが多い」も「つながることが多いと多くの人が思っている」ということです。つまり自分がそう思っているということではなくて、「多くの人」がそう思っているということです。

この「多くの人」を「不特定多数の第三者」と言《い》い換《か》えてもいいでしょう。それはすなわち「客観的に成り立つ」ということでもあります。自分がそう思っているというだけではなく、他の人もそう思ってくれる、ということが大事なのです。

個人個人はいろいろな「考えかた」を身につけていますから、多くの人が「うん納得できる」と思う「考えかた」は同意が得やすいし、おそらくあまり突飛《とっぴ》な「考えかた」ではないということです。

さてそこで具体的な文で実験してみましょう。

昼ご飯を外食にする人は電車で居眠りをしやすい。

この文は「昼ご飯を外食にする」ということと「電車で居眠りをする」ということが結びつけられています。それぞれを「事実」とみることにすれば、二つの「事実」が結びつけられています。二つの「事実」はしっかりとつながっているでしょうか。「昼ご飯を外食にする」と帰りの「電車で居眠りをしやす」くなるのでしょうか。「いやあ、そんな経験はないな」とか「何かヘン」と思った人が多いと思います。それは二つの「事実」が「こうすればだいたいこうなる」という関係とは思えないからです。

では次の文はどうでしょう。

緑茶を習慣的に飲んでいる人の寿命《じゅみょう》は長い。

この文では「緑茶を習慣的に飲む」と「寿命が長い」とが結びつけられています。なんとなく「うん。そういうことはありそうだな」と思う人がいるのではないでしょうか。このように、誰でも最初は直感的に、あるいは自分の経験に照らし合わせて経験的に、「おかしいんじゃないか」とか「そうだな」とか「判断」します。これはわるいことではないし、それも大事です。しかしこれは論理に基《もと》づく判断ではない、ということは意識しておいていいでしょう。

「論理」で重要なのは「つなぎ目の確かさ」なのです。なぜ「緑茶を習慣的に飲んでいる」と「寿命」が長くなるのか、その「つなぎ目」がしっかりしているかどうかです。つまりこれらの文はほんとうは「昼ご飯を外食にする人は（こういう理由で）電車で居眠りをしやすい」、「緑茶を習慣的に飲んでいる人の寿命は（こういう理由で）長い」という構造をしているはずの文なのです。

「こういう理由」がこの文のあとに述べられていてももちろん問題ありません。しかし、「理由」が示されていなかったら、この文全体が納得できるものかどうかを「読み手」が確認できません。「つなぎ目の確かさ」を「読み手」が確認できないということです。

論理的ではない文というのは変なことを述べている文なのではなくて、「つなぎ目」が示されていない文、文章です。「つなぎ目」を見せないことで「読み手」をだまそうとしているかもしれません。「つなぎ目」を示していない文、文章は「読み手」による確認作業を拒《こば》んでいるといってもいいでしょう。

「雰囲気《ふんいき》だけ表現」使ってない？——まずはピントをしっかり合わせる

二〇一九年一月十九日の『朝日新聞』に「「幻の」アサクサノリ　今期出荷は絶望的」という見出しが載せられているのを見ました。記事には「「幻のノリ」と言われる最高級品」のアサクサノリが「記録的な不漁となっている」とありました。この「アサクサノリ」は環境省《かんきょうしょう》のレッドリストで絶滅危惧《ぜつめつきぐ》Ⅰ類に指定されているようです。つまり、あまりたくさんは生産されていない、あるいは採れないということでしょう。

しかし、今季はともかく、実際に出荷されている年もあるわけで、それを「幻のノリ」と呼んでいるのですね。「比喩《ひゆ》で言ってるんですよ」ということでしょう。しかし、筆者は少し気になります。

テレビで長野県飯山《いいやま》市の「スノーキャロット」という名前のニンジンのことが中継《ちゅうけい》放送されている時に、レポーターが何度もその「スノーキャロット」のことを「幻のニンジン」と言っていました。でも「それがこれです」と紹介《しょうかい》するのだから、「そこにあるのに幻？」ということにならないでしょうか。この場合の「幻」は〈珍《めずら》しい、貴重な〉ぐらいの意味で、〈あると言われているのに見つからないもの〉ではないわけです。

やはり新聞に、奈良県五條《ごじょう》市と和歌山県新宮《しんぐう》市を結ぶ計画で一九三〇年代に着工されたが実現しなかった「五新鉄道」のことが「幻の五新鉄道」と紹介されていました。

この場合は、実現しなかったから、自然に「幻の」と呼ぶことができそうです。

〈（あるけれども）珍しいもの〉も〈ないもの〉も両方とも「幻の」と表現すると、両方の違《ちが》いがわからなくなってきますね。「どっちの幻？」というような感じでしょうか。

これは「ことばの原則」にいわば「違反《いはん》」しています。一つの語はある意味と対応していて、もう一つの語はそれとは異なる意味と対応しているというのが「ことばの原則」といってよいでしょう。語には「意味の分担」があるということです。一つの語が分担する意味範囲があまり大きくなると、どの意味をあらわしているかがすぐにはわかりにくくなってしまいます。

オペラなどの有名な女性歌手をあらわす「diva」（ディーバ）という語があります。

これを「歌姫《うたひめ》」と訳すことがありました。有名でかつ上手な、ということが含《ふく》まれているので、この人もこの人も「diva」ではないはずですが、女性歌手をすべて「歌姫」と呼ぶようになると、今度はもともとあった〈有名でかつ上手な〉という意味は消えてしまうことになります。

それも語の運命だといえばいえますが、例えば、なんでもかんでも「神」と呼ぶようになると、「神」があふれかえって、ありがたみも荘厳《そうごん》さもなくなってしまいます。なにより、ことばが焦点《しょうてん》を失って、ぶわぶわしてきているような感じがしませんか。

倍率ではなくて、ピントそのものが合ってないということです。そういう、ピントが合ってないような状態では、ことばによって精密に「情報」をやりとりすることができないでしょう。ピントが合っていないからどの「情報」を指しているかすらわからないということです。

あなたが「読み手」であれば、そういう「雰囲気だけ表現」が使われていないかに注意しながら文、文章を読みましょう。そしてピントが合っていないようなことばが使われていたら、そのあたりで「書き手」が何かをごまかしていないか考えてください。こ

神対応

れは「ファクトチェック」にもつながります。

あなたが「書き手」であれば、「雰囲気だけ表現」をできるだけ使わないようにしてください。そういう表現を使いそうになったら、他に表現のしかたがないかどうか考えてください。それが「考えながら書く」ということです。

文のつながりは「一歩一歩」

次の文章を読んでみてください。

恵方巻《えほうま》きが大量廃棄《はいき》されていることは大きな問題だ。こんなことをしていたら、いつまでも地球上の飢餓《きが》問題は解消できない。

節分の日に食べる恵方巻きが大量廃棄されていることが問題となり、廃棄しないような「工夫」をするようになったということが報じられていました。

日本では多くの食材を輸入しています。だから、日本で「食品ロス」を少なくすれば、食材の輸入が減らせて、地球規模で見た「飢餓問題」の解決につながるということは、「方向」としてはあっているし、論理的でないとまではいえないでしょう。

しかし前にお話ししたように、「事実」と「事実」とをつないで文が作られ、その文の述べている「事実」と次の文の述べている「事実」とをつないで文章ができあがっていると考えれば、そのつながりは「一歩一歩」なのです。

「食品ロス」を少なくすることは大事なことです。そのための「工夫」をすることも必要です。日本が食材の輸入を減らせば、それがどこかで「地球規模で見た飢餓問題」の緩和《かんわ》につながるということもいえそうです。しかし、このあたりから、「方向」はよさそうですが、「つなぎ目」が見えにくくなってきている感じがしませんか。

そこを「一歩一歩」つないで文、文章が組み立てられるのであれば、問題はないのです。今ここでは文、文章としてどうか、ということを話題にしています。

上野公園の桜とタイのゾウの暴走

右のことは文や文章がとらえる「範囲」といってもよいかもしれません。

最近テレビの報道番組を見ていると、今日、日本で起こったさまざまな「事件」や「できごと」を述べていたと思うと、突然《とつぜん》、ロシアでレストランに車が突《つ》っ込《こ》んだという「ニュース」が挟《はさ》まったり、タイでゾウが暴れたという「ニュース」が入るというようなことを経験した人は少なくないのではないかと思います。

あれがわからないのです。日本のことだと思って見ていると、ロシアの話やタイの話や中国の話が入ってくる。もちろんそれは「事実」なのですが、なぜその「事実」がここに入るのかがわからなくてとまどうことがあります。

文、文章は先ほど述べたように、通常は「一歩一歩」しか進めません。そしてその「一歩」と「一歩」とはきちんとつなぎ合わされていなければなりません。だから、日本を話題にしたかと思えば、世界の話題になり、また日本の話題になるというような

「展開」は難しいのです。

もともと、そういうことは、文、文章ではしにくいのですが、映像の場合、「つなぎ目」がなくても並べることができます。ですから、無意識にそういうことが行なわれるようになったのではないかと思いますが、人間の思考はことばを使って行なわれていますから、やはり「一歩一歩」方式が基本なのです。ですから、上野公園で桜が満開になっています、というニュースの次にタイのゾウのニュースが来るととまどうのです。

どの語を選ぶか

「考えながら書く」という場合に、まずは文を書くのですから、どのような語を使って一つの文を組み立てるかというところで考えますね。もっといえば、語の選択《せんたく》でまず頭を使うことになります。第1章の初めのところではオノマトペを入《い》れ替《か》える「実験」をしてみましたが、ここではもう少し広くいろいろな語の入れ換えをしてみたいと思います。

僕《ぼく》は想像と云《い》うような歯痒い事は大嫌《だいきら》いだ。何でもハッキリと自分の前に実現されて、眼で見たり、手で触《さわ》ったり、耳で聞いたりする事の出来る美しさでなければ承知が出来ない。（谷崎潤一郎《たにざきじゅんいちろう》「金色《こんじき》の死」）

傍線《ぼうせん》をつけた語について『明鏡《めいきょう》 国語辞典』第二版（二〇一〇年）で調べてみましょう。

はがゆい：思うようにならなくてもどかしい気持ちだ。じれったい。
じつげん：計画・希望などが実際にかなえられること。また、かなえること。
しょうち：①相手の依頼《いらい》・希望・命令などを聞き入れること。②くわしい内容や事情をよくわかっていること。③（略）

筆者の感じでは、「歯痒《はがゆ》い」は「じれったい」に入れ換えることができそうに思います。「僕は想像と云うようなじれったい事は大嫌いだ」はまあもとの文と同じ意味といえそうです。しかし「実現されて」を「かなえられて」に入れ換えて「何でもハッキリと自分の前にかなえられて」とすると、〈これまでできなかったことができた〉というような意味が強くですぎているような文になりませんか。右の「実現されて」は「かなえられて」に置き換えにくい、置き換えられない。「承知」は「ききいれる」よりも「納得」と入れ換えが可能ではないでしょうか。「眼で見たり、手で触ったり、耳で聞いたりする事の出来る美しさでなければ納得が出来ない」はほとんど同じ意味に感じます。

ある語の語義を説明したものを「語釈《ごしゃく》」といいますが、ここでは辞書の語釈の批判をしようとしているわけではまったくありません。辞書の語釈は、理想をいえばあらゆる文にあてはまる語釈だといいわけです。しかし、そんなことは無理なことで、多くの文にあてはまればそれでいいのです。たまたま右の文章にはあてはまらないということで、それも「筆者の感じ」ですから、みなさんの中には、「いやあてはまるでしょ」と思う人もいるかもしれません。

さて、ここでわかったことは、辞書の語釈がある文脈の中の文に使われた語の意味としてぴったりのこともあれば、そうでもないこともあるということ。つまり語の意味は固定的なものではなく、どのような文の中にその語があるか、ということによって少し変わってくるということです。

文は幾《いく》つかの語によってできあがっていることがほとんどです。そうすると、その語以外の語がどのような「メンバー」なのかによって、その語のその文での意味が決まってくるということです。これを「遊び」と思えば、今読んでいる文章の中に使われている語を、自分の持っている国語辞書で調べて、そこに記されている語釈をあてはめてみるという「遊び」です。

はたしてぴたりと合うのか、ちょっとずれているなと感じるのか。こういうことをやって自分の「語感」を磨《みが》くことができそうです。「ちょとずれているな」と思った時は、どうずれているかを文にまとめたり、誰かに説明するなどしてみてください。自分の「ずれ感」を言語化するのは大事なことです。それによって、一段とよく頭を使うようになります。

「言語化して説明する」つまり「ことばで説明する」ことは考える力をつけるために必要です。いや「ことばで説明する」ということがもしかすると「考える」ことそのものに限りなくちかいことかもしれません。

外来語を使う

志賀直哉《しがなおや》（一八八三～一九七一）が明治四十三（一九一〇）年九月に雑誌『白樺《しらかば》』に発表した「彼と六つ上の女」の一節を次にあげてみましょう。明治時代の文章に触れておくことも、日本語の表現を幅広《はばひろ》く理解し、また自分の日本語の幅を広げるために有効です。

彼は戸棚《とだな》の用簞笥《ようだんす》から、抽斗《ひきだし》を一つ抽《ぬ》いて来た。彼の小さいコレクションの一部である。彼はその中からギリシャの古銭と、煙管《きせる》を入れた古びた桐《きり》の函《はこ》とを取り出した。煙管は女持でも昔物で今の男持よりも太く、がっしりとした拵《こしら》えだった。吸口の方に玉藻《たまも》の前が檜扇《ひおうぎ》を翳《かざ》して居る所が象嵌《ぞうがん》になって居る。緋《ひ》の袴《はかま》が銅で入って居る。雁首《がんくび》の方は金で入った九尾《きゅうび》の狐《きつね》が尾《お》をなびかせて赤銅《しゃくどう》の黒雲に乗って空を翔《か》けて居る有様である。彼はその鮮《あざや》かな細工に暫《しばら》く見惚《みと》れて居た。そして、身長《せい》の高い、眼の大きい、鼻の高い、美しいと云うより総《すべ》てが（　　）な容貌《ようぼう》をした女には如何《いか》にもこれが似合いそうに思った。

右の（　）にはどんな語が使われていたかわかるでしょうか。次のａ～ｅから探してみてください。

ａ：はで　ｂ：醜悪《しゅうあく》　ｃ：ゴージャス　ｄ：リッチ　ｅ：纖細《せんさい》

明治四十三年は今から百年以上前なので、わかりにくいかもしれません。とにかく「そして」から「似合いそうに思った」の一文をよく観察してみましょう。異国から日本にやって来た尾が九本あるキツネが化けた伝説上の美女が「玉藻の前」です。その

「玉藻の前」と「九尾の狐」がデザインされている煙管（＝刻みたばこをつめて吸う道具）が「身長の高い、眼の大きい、鼻の高い、（　　　）な容貌をした女」に「似合いそうに思った」という文ですね。「美しいと云うより」とあるので、「美しい」の対義語である「醜悪」か？　と思いそうですが、身長が高くて眼が大きくて鼻が高い女性が「醜悪」ということにはならないでしょうから、ｂは違う。「高い」「大きい」は「繊細」とは合わないからｅも違う。ａとｃとはどちらでもよさそうにみえます。

『集英社国語辞典』第三版（二〇一二年）は「はで」と「ゴージャス」を次のように説明しています。

はで：①姿・形・色彩《しきさい》・図柄《ずがら》などが、華《はな》やかで、人目を引くこと。②性格・行動などが、目立っておおげさなこと。

ゴージャス：絢爛豪華《けんらんごうか》なさま。華麗《かれい》で贅沢《ぜいたく》なさま。

「はで」の②の意味には少し否定的な感じがありますね。「あの人の服装はいつも派手ね」という時、〈華やかでいい〉というよりは「行き過ぎ感」のようなものが表現されているように感じませんか。現代日本語ではそうでしょう。

そうするとc「ゴージャス」が入りそうです。現代日本語で考えればそれでいいと思います。明治四十三年の時点で「ゴージャス」という語が使われていたか、といえばそれは使われていました。それこそ使われている小説があるからそれははっきりしています。

先ほどの国語辞典では「絢爛豪華」という語で説明をしていますが、もう少し気軽に、「今日の立食パーティーで出た食事はゴージャスだったね」ぐらいには使えそうです。少し冗談《じょうだん》まじりかもしれませんが、晩餐会《ばんさいかい》と呼ばれるような会でなくても「ゴージャス」が使えそうな気がするのです。それよりは明治四十三年の「ゴージャス」はもっと「ゴージャス」だったのではないかというのが筆者の推測です。

そうだとすると、志賀直哉は「ゴージャスな容貌をした女」とは言えなかった。そろそろ実際に使われていた語を言いましょう。実はdの「リッチ」なのです。

明治二十（一八八七）年よりも前に「リッチ」という語は使われています。その時は

ゴージャス
はて
リッチ

〈金持ち〉という語義で使われています。現代では、「リッチ」が食品などの商品名に使われることがあります。「リコピンリッチ」であれば、「リコピン」が豊富に含まれているという「イメージ」でしょう。つまり〈金銭的に豊かな〉の「金銭的に」の語義が薄《うす》くなっているということです。そこまで確認すると、「リッチな容貌をした女」は〈金持ちっぽい容貌をした女〉ということになり、「美しいと云うより」という表現とぴったりと呼応してきます。

ここでは、志賀直哉が「リッチ」という外来語を右の文脈でどうしても使いたかったのだ、ということを認め、そのことに注目したいと思います。もう少しいえば、この「リッチ」という外来語でなければ表現できない、と志賀直哉が思ったということです。

場合によっては、「ちょっときどってみよう」、「みばえをよくしよう」など、いろいろな「動機」によって外来語が使われることがあるでしょう。「意味を曖昧《あいまい》にするために」なんてこともあるかもしれません。「けむにまくために」とか、いろいろありそうですが、そういうことがあるのだとすれば、日本語の文、文章の中でどのような外来語がどのように使われているか、ということは「観察ポイント」になりそうですね。「観察ポイント」になるということは、そこが観察されてしまうわけですから、「書き手」としてはそこに気をつける必要があるということです。

外来語言い換え実験

せっかく外来語の話になったので、もう少しだけ外来語について考えてみましょう。わたしたちの日常生活でもさまざまな外来語が使われています。あんまりたくさんの外来語が使われるようになったので、日本語に言い換えましょうということも言われ始めました。特に多くの人がかかわる「公共的な場」では言い換えが進められています。国立国語研究所「外来語」委員会が編集した『分かりやすく伝える外来語言い換え手引き』（二〇〇六年、ぎょうせい）も出版されています。

みなさんは次の外来語を言い換えることができますか。

①自分のスマートフォンを使ってインターネットにアクセスした。

②法律による規制が大きく変わり、中小企業経営に対するインパクトは大きい。
③弊社《へいしゃ》では、消費者の苦情に対応するためのガイドラインをきちんと決めています。
④一つ一つの政府決定について、国民のコンセンサスを得るように努めてほしい。
⑤この地域の河川の氾濫《はんらん》を想定したシミュレーションをもとに災害対策を論議した。

①は「接続」、②は「衝撃《しょうげき》」、③は「指針」、④は「合意」、⑤は「模擬《もぎ》実験」ぐらいでしょうか。それぞれを言い換えた文を並べてみましょう。

①自分のスマートフォンを使ってインターネットに接続した。
②法律による規制が大きく変わり、中小企業経営に対する衝撃は大きい。
③弊社では、消費者の苦情に対応するための指針をきちんと決めています。
④一つ一つの政府決定について、国民の合意を得るように努めてほしい。
⑤この地域の河川の氾濫を想定した模擬実験をもとに災害対策を論議した。

何してあそぶ?
よし
コンセンサス
とろう!

それぞれの外来語には、ある時期によく使われるようになった、そのままずっと使われて定着した、一時はよく使われたがまた使われなくなった、などといった「使用の歴史」があります。「使い手」がそうした「外来語の歴史」のどこに位置するかによって、その外来語に対する「感性」が異なってきます。

この外来語は自分が生まれた時にはすでによく使われていたという人と、前はある語を使っていたが、ある時からこの外来語が使われるようになった、という人とでは、その外来語に対する「感性」が異なるはずです。ですので、これから述べることは、あくまでも筆者の「感性」で、ということです。

まず、⑤は「模擬実験」は使わないな、と感じます。①は、「アクセス」と「接続」は少し意味が違うように感じます。「接続」は〈つながった〉という意味を感じるので、つなげようとする行為《こうい》であれば「アクセス」がよくて、つながった状態が維持《いじ》されているのだったら、「接続」がふさわしいように思うのです。

自分が入社したい会社の情報が知りたくてインターネットにアクセスした。

レポートを書くために、美術館のホームページに接続しっぱなしにしていた。
インターネットに（接続して／アクセスして）受験情報を探そうとした。

どちらの語を使ってもほとんど意味が変わらない文もあれば、少し意味が変わるように感じる文もありそうな気がします。外来語を使わなくても同じことが表現できるのであれば、そもそもその外来語は必要ない、ということになりますから、日本語では表現できない意味、表現しにくい意味をあらわすために外来語が使われるはずです。しかし、次第にそれが変化していき、外来語でなければあらわせない場合もあれば、逆に日本語で十分にあらわせる場合もでてきます。だから、外来語を使う場合には、ほんとうにこの外来語を使わないと表現できないのだろうか、と少し考えてみてください。

比喩表現に気をつける

本章の最後に「比喩表現」について考えてみましょう。

「事実」と「事実」とをしっかりとつなぎ合わせて論理的な文、文章を作ることが大事だと繰《く》り返《かえ》し述べてきました。その一方で、「詩的言語」もうまく使ってほしいのです。「論理的な言語」と「詩的言語」がほどよいバランスで配合されているのがもっともよい文、文章といってもよいかもしれません。

さて、「事実」と「事実」とをつないで説明をしたのだけれども、なかなかうまく説明できないという経験はないでしょうか。そういう時に、「たとえ＝比喩」を使うとうまくいくことがあります。

「たとえ」はぴったりした「たとえ」であるととてもわかりやすくなりますが、少しずれていたりするとかえって頭を悩《なや》ませたりすることもあります。

次に掲げた①〜⑤の文は、明治、大正、昭和と活躍《かつやく》した小説家である里見弴《さとみとん》（一八八八〜一九八三）の『三人の弟子《でし》』（一九一七年、春陽堂）という本から引用しました。

①日影《ひかげ》の横町から、日向《ひなた》の往来の方を望むと、写真の暗箱を覗《のぞ》くように、総てのものがはっきりと綺麗《きれい》に見えた（「失われた原稿《げんこう》」）

②体中の血がネットリと重湯《おもゆ》のようになっているのではあるまいかと思われるほど、体を動すのも大儀《たいぎ》なれば、脳《あたま》のはたらきも鈍《にぶ》って了《しま》った（「或《あ》る生活の一片」）

③その晩はまた特別に脳《あたま》が惘然《ぼんやり》していて、筆がいくら沈《しず》めようとしても、水中の木片のように、すぐ表面へ浮《う》いて了《しま》って、どうしてもものになりそうもなかった。（「或る生活の一片」）

④丁度その時に、冬の夕日がドン〳〵落ち下《くだ》って行ったように、彼の考えも一度きまった方角へドン〳〵進んで行った。（「少年の嘘《うそ》」）

⑤銀二郎は、永い一日の日光に膨《ふく》れ上《あが》った寝藁《ねわら》を掻《か》きよせながら、その日の天気のように上機嫌《じょうきげん》で、「ごろう、ごろう」と女主人《おんなあるじ》の呼び声を、低声《こごえ》で真似てみた。
不意に彼の後《うしろ》を、音とも風ともつかないものが矢のように飛び過ぎて行った。

「ごろう、ごろう」

英語の「Halloo!」と云うのに似た音《おん》で、一目散に駈《か》けつける犬を、その上にも急ぎ立てるような女主人の声が続いた。銀二郎は丘《おか》の頂を見た。――彼の心が、棒のように体を延ばして草のなかを飛んで行く五郎のように、女主人の方へ吸いつけられるのを感じた。銅像みたいにヂッと立っていた馬上の姿がふいと消えた。そこに薄白く空を切りぬいたように、彼女の影が残った。（「銀二郎の片腕《かたうで》」）

①では、暗い「日影の横町」から明るい「日向の往来の方を望む」ことが「写真の暗箱を覗く」ことにたとえられています。これは実際的にもぴったりとした「たとえ」といえるでしょう。

②は「体中の血」が「ネットりと」したように感じるという、その「ネットリ感」を「重湯」にたとえています。「たとえ」はその「たとえ」に使われている語や表現が理解できるということが（当然）前提になっています。この「たとえ」では「重湯」がわからなければ「たとえ」が成立しません。「重湯」は〈米を大量の水で煮《に》た煮汁《にじる》〉のこと

で、病人や赤ちゃんが栄養をとるために作ります。まあ「ネットり」しているわけですね。

③は「頭がぼんやりしてい」る様子、つまり落ち着いてものを考えることができない様子を「木片」を「水中」に押《お》し沈めても、すぐに水面に浮かび上がってくる様子に「たとえ」ている。

④は「冬の夕日」が短時間ですっと落ちてしまうことと、「彼の考え」がすっと落ちていってしまうこととを結びつけて「たとえ」を作っている。

⑤の「五郎」は「女主人」の「愛犬」です。機嫌の良さを「その日の天気」でたとえるのは、まあ普《ふ》通《つう》の「たとえ」といってよいでしょう。その次の「音とも風ともつかないもの」が「矢のように飛び過ぎて行った」は、そもそも何かはっきりしない「もの」が「矢」にたとえられているので、「読み手」はこの文だけでは何かもやもやしそうですね。しかし、少し読み進めていくとそれが「女主人」のもとに「一目散に駈《か》けつける犬」の「五郎」であることがわかるようになっています。いや、直前に「ごろう、ごろう」とあるので、それほどもやもやしないかもしれません。いずれにしても、一つの文

だけでははっきりしないことが前後の文、つまり「文脈」によってわかるようになっているこ とには注目しておきたいですね。

「棒のように体を延ばして」「銅像みたいに」「切りぬいたように」と、⑤は「たとえ」が次々と使われています。

みなさんはどのように文学作品にふれているでしょうか。この作家の作品は好きだから、自分で買ってきて読んでいる、という人も少なくないでしょう。読書はあんまり好きじゃないから、学校の教科書に載っている作品を授業で読むぐらいかな、という人もいるでしょう。学校では、筆者の考えを想像して読みましょう、と言われるかもしれません。いろいろな読書がありそうです。そしていろいろな読書があってよいと思います。

一つの文学作品を読むのですから、どんなストーリーだったか、ということは当然大事です。「あらすじ」をおさえましょうと言われることもあります。しかし、時には、ここまでみてきたように文中の「たとえ」に注目した読みかたをしてみるのもいいのではないでしょうか。日本語の表現のさまざまなかたちを知るのは、実際に文章を読むのがよいでしょうし、読みながら、ちょっと立ち止まって表現を意識してみるのが「近道」だと思います。

もちろん、文学作品の中だけでなく、日常生活の中でも「たとえ」はよく使われます。それは「論理のことば」だけではわたしたちがふれている「世界」をあらわせないからではないかと思います。「たとえ」をうまく使い、的確に「読む」ことで「世界」をうまく表現することができるはずです。そんなことを考えながら、「たとえ」に注意してみてください。

第4章

自分で考え、自分で書こう

WORLDLY WISDOM
FOR 14 YEARS OLD

文は二種類しかない！

①江戸城《えどじょう》の北の丸跡《あと》には「北の丸公園」がある。
②私は富山から直送された魚介類《ぎょかいるい》を使った料理を出す銀座のD店が気に入っている。
③私は紙の辞書を使うほうが電子辞書を使うよりも学習効果があると思う。

「二種類しかない」といいながら、なぜ文を三つあげた？　と思われたかもしれません。時には印象付けるために、意外性も必要です。さて①②③の文を二種類に分けるとしたら、どう考えればよいのでしょうか。

もったいぶらずに答えを先に言いましょう。①②③は①②と③とに分かれます。①はいわば「事実」そのものです。「調べないとわからないよー」という人もいるでしょう。でも、調べれば「事実」であることが確認できるわけです。

例えば「デジタル大辞泉プラス」で「北の丸公園」を調べてみると、次のように記されています。

東京都千代田区にある公園。江戸城北の丸跡を公園として整備したもの。園内には東京国立近代美術館、日本武道館などさまざまな施設《しせつ》がある。

「江戸城北の丸跡を公園として整備したもの」が「北の丸公園」であることが確認できました。「デジタル大辞泉プラス」の記事が誤っていないかを疑うこともできなくはないですが、通常はこの時点で、①の文が何も問題ないことが確認できたことになります。これを「事実文」と仮に呼ぶことにしましょう。

①は「江戸城の北の丸跡には北の丸公園がある」という骨組みの文で、「江戸城の北の丸跡にあるのは北の丸公園だ」と言《い》い換《か》えることができます。「江戸城の北の丸跡にあるのは何でしょう?」というクイズがあったとします。「何でしょう?」の答えが「北の丸公園」で、先に調べたように、知らなかったら調べることができますが、「北の丸公園」以外の答えはないわけです。

つまりどこにも「判断」しなければならないところがない。書き手が「判断」していないのだから、「読み手」が「判断」することもない。だから「事実」そのものの「事実文」です。

②の文はどうでしょう。D店が「富山から直送された魚介類を使った料理を出す」ことを「売り」にしているのだから、「ほんとに富山から直送されてるの?」と、そこを疑うことはできます。今流行のことばでいえば、「ファクトチェック」ですね。

「フェイクニュース」ということばをしばしば耳にするようになりました。現在では、ウェブサイトやSNSなどで発信される、真実ではない情報についていうことが多くなってきていますが、新聞やテレビの報道番組のようなマスメディアが発信する不確実な情報についてもいうことがあります。初めからその「情報」が嘘《うそ》であることを承知で発信する場合、悪意はなくても推測を事実のように発信する場合など、「わざとかわざとではないか」などもかかわって、いろいろなケースがありますが、とにかく「確かな情報」ではない「情報」が発信されている、ということです。

現在では、インターネット上の「情報」をまったく使わないで日常生活を送ることは考えにくくなってきています。もちろんそうしている人もいるでしょうから、それがだめだということではありません。

しかしインターネット上には右で記したように、「確かさ」という点において、さまざまな「情報」が並んでいます。同じサイトに載《の》せられている「情報」でもそうした「確かさ」は異なると思います。その「確かさ」を見分けることも日常生活には必要です。

②は「私はＤ店が気に入っている」という骨組みの文で、「私」が嘘を言っていなければ、もう疑うところがありません。なぜかといえば、「私はＤ店が好きだ」と言っているのと同じだからです。「私」が好きだと言っているのだから、そのことについて「私」以外の人が何か疑うことはできないということです。

「僕《ぼく》もＤ店が好きだ」と「共感」の気持ちを表明することはできます。Ｄ店が好きな「私」と「僕」は共感し、話がはずむでしょう。

②は「好《す》き嫌《きら》い文」と呼ぶことにしましょう。

共感って何?

ここで少し「共感」ということについて考えておきましょう。

最近「共感」ということばをよく見たり聞いたりします。「共感」は〈同じ気持ちを感じること〉です。「気持ち」であり「感じること」なのです。

「私はあの人に共感する」はよく考えてみると少し不思議なことがあります。この共感している「私」は「あの人」の「気持ち」がどうしてわかっているのでしょうか。それは、「あの人」の発言を聞いたり、書いた文章を読めばわかるということなのでしょう。

しかしそれは「私」がそう思った、ということでもあります。それを「同じ考えだ」ではなく「共感した」と表現するのであれば、やはり意見や考えが同じということではなく、「気持ち」が同じだと「私」が感じるということでしょう。「考え」ではなく「気持ち」なのです。

AさんがSNSで、「Xというアーティストのコンサートに行った。とてもすばらしくて感動した」と発信していた時に、私も同じコンサートに行って、感動した。同じ気持ちです。これが「共感」ということになります。

Aさんが「感動した」と言っているのだから、誰《だれ》もそれを否定できません。Bさんも同じコンサートに行ったけれども感動しなかった、と発信していたとすると、AさんとBさんとは感じかたが違《ちが》うということにはなるでしょうが、どちらかの「判断」が正しくて、どちらかの「判断」が間違っているということにはなりませんね。

「意見／考え」であれば「確かさ」について「判断」することができます。この場合の「確かさ」は「多くの人が納得する」と言い換えてもいいでしょう。しかし「感動」は「判断」の対象外です。

自分が感動したと言っているコンサートに行って、私も感動したと言われたほうが、全然感動しなかったと言われるよりもいいでしょう。全然感動しなかったと言われるとちょっと嫌《いや》な気分になるかもしれません。いや、だいたいそうでしょう。「同じ気持ちを共有」すると落ち着きますね。ああ、自分と同じように思っている人が他にもいるということです。これが「共感」です。これは「気持ち」についてのことですので、「好き嫌い」と同じことです。自分と同じものが好きな人同士は話もはずみます。

しかし、みんながみんな自分と同じ「気持ち」とは限りません。「好き嫌い」や「意見」が異なる人と話し合うことは大事です。

それは論理的かい？

さて、検討にもどりましょう。③の文はどうでしょうか。「紙の辞書を使う」のと「電子辞書を使う」のと、どちらが「学習効果」があるか、ということについて、「私」が「電子辞書を使う」ほうが「学習効果」があると思っているという文です。

この文に関してはそもそも「学習効果」ってどういうこと？　や、「学習効果」はどうやって測定するの？　といった疑問がすぐに浮《う》かんできますね。それをはっきりさせてくれないと、③の文に同意も反対もできないですね。

「私は〜と思う」という文だから疑問が生じたということではありません。「私は〜と考えます」という文でもまったく同じことです。よく、「〜と思う」という文は主観的だからだめ、文は客観的に書きましょう、ということを聞きます。そういうことではないのです。文の終わりを「と思う」ではなく「と考える」にしたとたんに、だめな文がよくなったりするでしょうか。そんなことは考えられないですね。

そこが問題なのではなく、どういうことを「学習効果」とみるか。どうすればそれが測定できるのか、という、③の文を支えている「情報」に曖昧《あいまい》なところがあるということが問題なのです。

この③のような文を「論理文」と呼ぶことにしましょう。実際は③は論理的ではないのでは？　と思った人はすばらしいです。「論理文」とは論理的な文のことのみをいっているのではなく、論理的にしようとしているがそうなっていない文も含《ふく》みます。つまり論理を使って文を構成しようとしている文のことです。

さあ、ここまで読んで①②③が①②と③とに分かれるということがおわかりになりましたか。

そう、繰《く》り返《かえ》しになりますが、①②はどこにも読み手が「判断」するところがないのです。「判断」するところがないのだから、「反論」もできない文です。それに対して、③は「なんだかおかしいぞ」「ここがおかしいんじゃないか」と疑問をもち、「反論」することができる文です。

二種類の文とは、「事実文」や「好き嫌い文」のように「反論ができない文」と、「論理文」のように「反論ができる文」です。逆にいえば、「反論ができるように構成されている文」は「論理文」だということです。

「反論」ができない文は、「それだけ完璧《かんぺき》な文章なんだ」と思っていませんでしたか。そうではないのです。そうではなくて「事実文」や「好き嫌い文」のように「反論ができない文」と、「事実」と「事実」とを「つなぎ目」を作ってしっかりとつないでいく「論理文」と、異なる種類の文章があると思ったほうがいいのです。そして、自分が文章を書く時には、この内容にふさわしいのはどのタイプの文章かな、と考えながら書くとよいでしょう。

小論文のように、「論文」と呼ばれるような文章は「事実」と「事実」とをつないだ「論理的な文章」でなければなりません。そして、文章の「読み手」は「事実」がほん

とうに「事実」であるのか、そして「つなぎ目」は適切につないでいるか、をチェックするのです。この「チェック」ができないようになっている文章は「論理的な文章」ではないことになります。

反論練習はじめ！

「反論」ということがつかめたかと思います。ここでは具体的に反論練習をしてみたいと思いますが、その前に少しだけ「反論」ということについて話しておきたいことがあります。

他の人の意見に反論したり、他の人が書いた文章に反論するというと、「なんだか性格わるそう」と思ったりしませんか。あるいは反論すると性格わるそうに思われるからやめておこうと思ったことはありませんか。どんな意見にも反論し、自分の意見だけをおしとおそうとするのはだめです。

いろいろな意見があることをまず認めることが大事です。そして、みんなの意見を一つにまとめる必要があるならば、どこはみんなの共通点で、どこが相違点《そういてん》かをまずみきわめる必要があります。そして共通点を中心にして、一つの意見にまとめていきましょう。

その時に、ここで意見をだしている「みんな」以外の人からさらに反論がでないだろうかということも合わせて考えてみてください。そしてその反論にちゃんと対応できるだろうかとか、そういう反論があるならば、それに対応できるように意見を整えておこうとすることも大事です。

一人一人の意見が違うのはむしろ当然とまず思っておいたほうがいいかもしれません。同じ意見を持つ人たちと一緒にいると、違う意見があるということ自体に気づきにくくなり、「なんであいつは賛成しないんだ」と思うかもしれませんが、「多様性を認めよう」ということの根底には「違う意見があるということを認識する」ということがありそうです。

議論は自分と違う意見をもっている人を黙《だま》らせるためにするのではなく、自分の意見と他の人の意見はどこが違うのか、そしてどこまでは同じなのか、ということを明らかにするためにするのです。それが明らかになったら？　次にどうするかをまた議論するのです。

これからは「議論ができる」能力がより必要になってくるでしょう。喧嘩《けんか》をせずに議論をすることは「技術」といってもいいかもしれません。「反論」もこれからは必要な「技術」の一つになるはずです。

さて、それではいよいよ練習をしてみましょう。次の文章に反論してみてください。

わたしは一つの状態から次の状態へと移って行くものだ、ということを先《ま》ず私は認める。私は、暑かったり寒かったり、愉快《ゆかい》だったり悲しかったり、働いたり何もしなかったり、周囲のものを見つめたり他のことを考えたりする。

右の文章は「わたしは一つの状態から次の状態へと移って行くものだ、ということを先ず私は認める」という文とその次の文と二つの文から成り立っています。

最初の文は「～ということを先ず私は認める」という倒置《とうち》した組み立てになっていま

すが、「私は〜ということを先ず認める」と同じことですね。「わたし」が「一つの状態から次の状態へ移って行く」って何だろうと思った人もいるかもしれません。少しわかりにくい表現かもしれません。しかし次の文がそのことを説明しています。

夏の暑い日、ずっと外を歩いていて家に帰ってきました。汗《あせ》がひくまでクーラーを入れようと思って、強めにクーラーを入れました。しばらくすると汗はひき、さらに時間が経《た》つと、今度はちょっと寒くなってきました。こういう経験はあると思います。「わたし」の「状態」が「暑いなあと思う状態」から「寒くなってきたぞと思う状態」へと移ったということですね。

あるいは学校で友達と昨日見たテレビ番組のことで話が盛り上がり、楽しく愉快でした。帰宅すると、あれあれ、ベランダで育てていたアサガオが何だか萎《しお》れてしまっていて、悲しくなりました。これは「愉快だったり悲しかったり」ですね。

つまり、右の文章は「わたしは一つの状態から次の状態へ移る」という「みかた」と、その「みかた」が成り立つと「文章の書き手」が思っている「根拠《こんきょ》」とから作られています。

言い換えれば「みかた」「根拠」という二つの「事実」（先を「事実A」、あとを「事実B」と呼ぶことにしましょう）がつなげられています。この文章に「反論」をするならば、「事実A」に反論するか、「事実B」に反論するか、「事実A」と「事実B」とはつながらない、つまり「事実B」は「事実A」を導き出す「根拠」にならないという反論をするか、しかありません。

さてみなさんはどういう反論を考えたでしょうか。「暑いと思っているわたし」も「寒いと思っているわたし」も同じ「わたし」ではないか、という反論を考えた人もいるのではないかと思います。おそらくその反論はもっともしやすい反論でしょう。つまり「わたし」は「一つの状態」「次の状態」と分けられないだろうという反論です。これは反論として成り立つでしょう。

それから、「暑い／寒い」「愉快／悲しい」は「わたし」の感覚、心理状態ですね。形容詞や形容動詞であらわされることがらはだいたいが「状態」をあらわしています。「働く／何もしない」「周囲をみつめる」「考える」は動詞であらわされるような、ひろくみれば「わたし」の動作です。それは「状態」ではない、と反論するのはどうでしょ

うか。

また、時々刻々変わっていく「わたし」の心理状態は、固定的なものではないという反論もできそうです。「状態」をあたかも階段の一段のように固定的にとらえるから、「一つの状態から次の状態へ移る」という「みかた」ができるのです。「状態」を否定すると右の文章は成り立たなくなります。

さて、右に記した以外の反論もあることでしょう。いろいろと考えてみてください。右の文章はアンリ・ベルクソン『創造的進化』（吉岡修一郎訳、一九四四年、第一書房）から引用しました。ベルクソン（一八五九〜一九四一）はフランスの哲学者《てつがくしゃ》です。だから少し難しいことが述べられていたのです。

でも、いやだいたい言っていることはわかる、と思った人も多かったことでしょう。文章として示されている「事実」をきちんと理解して、「事実」と「事実」との「つなぎ目」がちゃんとしているかを考えながら読めば、多くの文章はなんとか読めるものです。全部が理解できないにしても、「ここはわかるぞ」というところがあれば嬉《うれ》しいものです。きちんと文、文章を理解するということと「哲学する」ということは案外ちかいかもしれません。

人間は考える葦《あし》である：三種類目の文

ここまで「文は二種類しかない」と言っておいて、急に「三種類目の文」と言い出すのは嘘つきっぽいですが、まずは「論理文」についてよく理解してもらいたいということから「反論ができる文」「反論ができない文」という説明をしました。「論理文」が書けるようになること、「論理文」をきちんと理解できるようになること、はとても大事なことで、やはりそれをまず目標にしたいと思います。

その上で、余裕《よゆう》があれば、「三種類目の文」があるのだということを知っていただきたいし、その「三種類目の文」を、まずは味わうことができるようになってほしいと思います。

「三種類目の文」は「論理によって構成された文」ではなく「感性に訴《うった》えかける文」です。そこには「たとえ」「比喩《ひゆ》」が深くかかわってきます。

「人間は考える葦である」という有名なことばがあります。フランスの哲学者パスカル（一六二三〜一六六二）のことばですね。『パンセ』という題名の本に記されています。このことばはよく知られていますが、どのような文章中のことばかは必ずしも知られていないかもしれないので、次にあげてみましょう。前田陽一・由木康訳『パンセ』（一九七三年、中公文庫）から引用しました。

人間はひとくきの葦にすぎない。自然のなかで最も弱いものである。だが、それは考える葦である。彼《かれ》をおしつぶすために、宇宙全体が武装するには及《およ》ばない。蒸気や一滴《いってき》の水でも彼を殺すのに十分である。だが、たとい宇宙が彼をおしつぶしても、人間は彼を殺すものより尊いだろう。なぜなら、彼は自分が死ぬことと、宇宙の自分に対する優勢とを知っているからである。宇宙は何も知らない。

だから、われわれの尊厳のすべては、考えることのなかにある。われわれはそこから立ち上がらなければならないのであって、われわれが満たすことのできない空

間や時間からではない。だから、よく考えることを努めよう。（略）

「ひとくき（一茎）」は〈一本〉です。「たとい」は「たとえ」ですね。「尊厳」は〈神聖なものがもっている威厳《いげん》〉のことですね。ここでは「人間」に備わっている強い意志の力のようなものと考えればいいでしょうか。

右の文章では「人間は考える葦である」と述べられています。「人間」は「考える葦」だというかたちで「事実A」と「事実B」とが結びつけられています。しかし、「事実A」と「事実B」とをつなぐ「つなぎ目」はなさそうです。誰だって、「人間は葦じゃないぞ」ということはわかっています。だからこれは「比喩＝たとえ」です。それもわかっているはずです。「比喩＝たとえ」には「つなぎ目」がありません。だから比喩を使った表現を「論理」で解きほぐすことは難しいことがあります。

パスカルは哲学者です。「人間は考える葦である」というパスカルのことばはよく知られていますが、それはもちろん哲学者のことばとして知られているはずです。しかしそれは論理のことばではないわけです。哲学だから論理のことばで語られているだろうと思うと、そうではないこともあります。「伝えたい内容」が複雑になればなるほど、論理のことばで語らなければわからないはずですが、あまりにも複雑なことはもう論理のことばで語れないこともあります。そういう時に「比喩＝たとえ」を使うことによって、すっとわかることもあります。ですから、「論理的なことば」だけ知っていればいいということでもないのです。

「比喩＝たとえ」のようにどちらかといえば「感性」に訴えかけることばも使えたほうがいいですし、「読み手」としてそれを「なるほど」と「わかる」ことはとても大事なことです。「論理的なことば」と「感性に訴えかけることば」とをうまく使い、うまく理解することは大事です。

身近なところでいえば、ことわざや成句は「たとえ」がうまく使われていることが多いですね。

「たとえ」や「比喩」はぴったりとした使いかたをしないと逆効果になってしまいます。例えば、友達が困って相談に来た時に、「おぼれる者はわらをもつかむ」というからね、とあなたが言ったとすると、自分を「わら」にたとえたのですから、まあいいわけです。

ところが、あなたが困って友達に相談に行った時に、「おぼれる者はわらをもつかむ」というからね、とあなたが友達に言ってしまうと、友達が「わら」ということになってしまって、これはいけません。うまく使えば効果的、失敗すると「残念な感じ」になってしまう比喩＝たとえについてもう少し考えてみましょう。

比喩＝たとえをうまく使う

僕は急に頭の中が氷のように冷たくなるのを気味悪く思いながら、ふらふらとジムの卓《テーブル》の所に行って、半分夢のようにそこの蓋《ふた》を揚《あ》げて見ました。

有島武郎《ありしまたけお》（一八七八～一九二三）『一房《ひとふさ》の葡萄《ぶどう》』の文です。

「血の気が引いた」という表現がありますが、それともまた違っているのでしょう。「頭の中が氷のように冷たく」なったような感じがしたということでしょう。「頭の中が雪のように冷たくなる」ではだめでしょうか。「頭の中が冷蔵庫のように冷たくなる」

はどうでしょう。もちろん冷蔵庫がない時にはそういう比喩はないですが、現在であれば、「冷たい」ということをたとえるのであれば、案外ありそうな比喩かもしれません。比喩はたとえに使った側のことがよく知られていることが前提になります。

ある細身の男性を表現するのに、次のように表現したとします。

電信柱のようにひょろっとした人
モヤシのようにひょろっとした人
プラタナスのようにひょろっとした人

どの表現も「ひょろっとした」ことを表現できているでしょう。ただし、「ように」の前にどんな物が入るかによって、どのような「ひょろっと」かが変わってきそうですね。「電信柱」だと「ひょろひょろ＋背の高さ」、「モヤシ」だと「ひょろひょろ＋頼《たよ》りなさ・弱さ」でしょうか。「プラタナスのように」はプラタナスという木がどんな木かわかっていないと比喩が成り立ちませんね。

ことばだけで説明するのが難しい時に、「電信柱」「モヤシ」「プラタナス」のような実際に存在する物を使って比喩表現を作ることがあります。「実際に存在する物」は写真に写せる物ともいえます。そういう「実際に存在する物」は物全体が「情報」といってもよいでしょう。「モヤシ」なら白いということもわかっています。そうすると「モヤシのようにひょろっとした人」が色白だと、さらにぴったりということになるかもしれません。逆に色黒でひょろっとした人を「モヤシのように」と表現すると、実際に見た時に、違うじゃないかということになるかもしれません。

先にことばは一度に全体をとらえることができないということを述べました。順番に述べていくしかない。しかし、順番に述べていくにしても、どこまで述べていけばいいのでしょうか。

モヤシについてことばで説明するとすれば、ひょろっとしている、色が白いなどは説明するでしょう。しかし、トータルとしてのモヤシを説明しきれるかどうかわかりません。モヤシのもっている「雰囲気《ふんいき》／イメージ」をことばで説明しきれるでしょうか。そ

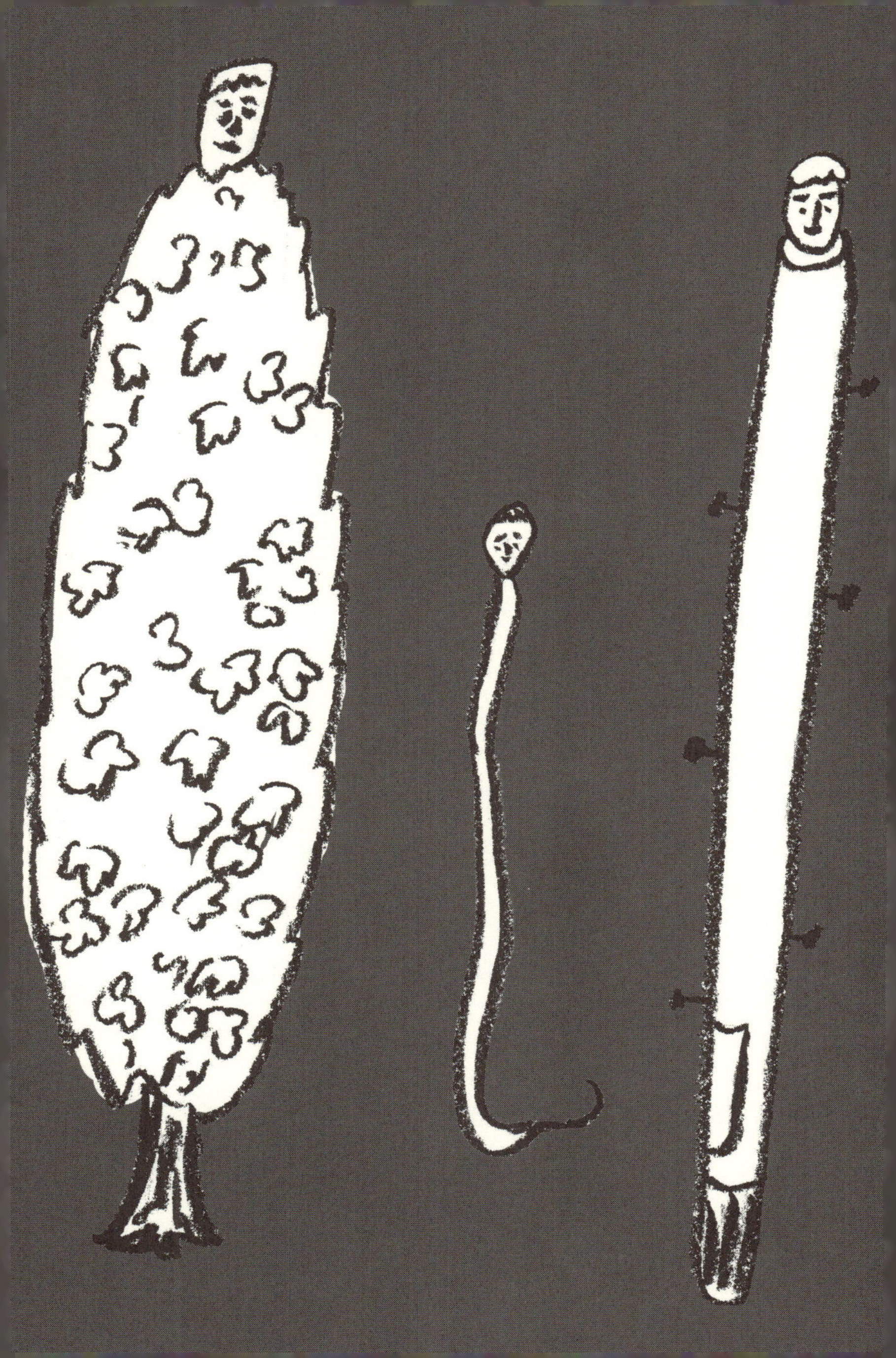

ういうトータルとしての「情報」を一気にもってこられるところに比喩＝たとえの表現としての強みがあります。

ですからみなさんも、比喩を使い、比喩を読み解く、「比喩の達人」になってください。本を読みながら、「おっ、比喩がでてきた。これはどういう比喩かな」と考えるのもいいでしょう。練習問題はどこにでもころがっています。比喩表現は教科書の中にあるのではありません。身のまわりにいくらでもあります。

次の文は宮澤賢治『風の又三郎』（新潮文庫）の中の文です。（　　）にはどのような比喩が入るでしょうか。後から選んでみてください。

1「わあい、喧嘩《けんか》するなったら、先生ぁちゃんと職員室に来てらぞ。」と一郎が云いながらまた教室の方を見ましたら一郎は俄《にわ》かにまるでぽかんとしてしまいました。たったいままで教室にいたあの変な子が影《かげ》もかたちもないのです。みんなもまるでせっかく友達になった子うまが遠くへやられたよう、せっかく（　　）ように思いました。

2　又三郎もきものをぬいでみんなのあとから泳ぎはじめましたが、途中《とちゅう》で声をあげてわらいました。
　すると向う岸についた一郎が髪《かみ》を（　　　　）のようにして唇《くちびる》を紫にしてわくわくふるえながら、

「わあ又三郎、何《な》してわらった。」と云いました。

3　みんなはわれ勝に岸からまっさかさまに水にとび込んで青白い（　　　　）のような形をして底へ潜《もぐ》ってその石をとろうとしました。

4　ほんとうに暑くなって、ねむの木もまるで夏のようにぐったり見えましたし、空もまるで、（　　　　）のようになりました。

5　その人は、あわてたのをごまかすように、わざとゆっくり、川をわたって、それから、（　　　　）みたいな姿勢をとりながら、青い粘土《ねんど》と赤砂利の崖《がけ》をななめにのぼって、崖の上のたばこ畠《ばたけ》へはいってしまいました。

a　あざらし
b　アルプスの探検
c　捕《と》った山雀《やまがら》に逃げられた
d　底なしの淵
e　らっこ

単純な比喩ではないので意外に難しい問題かもしれません。難しさを実感しながら、宮澤賢治の文章を味わってみるのもいいかもしれません。

対義語的なみかた

第2章で、語や文には「視点」があるという話をしました。「論理文」の場合は、視点をしっかりと定めて確かな情報をきちんとつなげて書くことが大事です。最終的にはそうですが、まずは、どういう「視点」から書けばよいかを検討することが必要です。

スマホを見ながら歩いていた人が前から来た人とぶつかって、口論になっています。それを見ていた新聞記者であるあなたが、そのことを記事にしようと思いました。スマホを見ながら歩いていた人の側から、危険だということは何度も耳にしていたが、実際自分がぶつかって初めて危険性を認識したというような書きかたをすることができます。また、スマホを使っていなかった人の側から、いくら危険だと注意があっても、「歩きスマホ」をする人が減らないのだから、厳しく取り締《とし》まるか、事故を引き起こした場合には罰金《ばっきん》を課すべきだ、というような書きかたをすることもできます。「視点」は選ぶことができます。

「視点」を決める前に、「対義語的なみかた」をしてみて、ことがらを「反対側」からとらえるとどうなるかを検討するといいでしょう。それによって「視点」や「みかた」を確認することができます。

178－180頁の答え

1 c／2 a／3 e／4 d／5 b

私達は、もう長い間、この淋《さび》しい、話をするものもない、北の青い海の中で暮らして来たのだから、もはや、明るい、賑《にぎや》かな国は望まないけれど、これから産《う》まれる子供に、こんな悲しい、頼りない思いをせめてもさせたくないものだ。

殿様《とのさま》は、茶碗《ちゃわん》を取上げてご覧になさると、成程《なるほど》軽い、薄手《うすで》の茶碗でございました。ちょうど持っているかいないか。気の付かない程でございました。

「茶碗の善悪は、何できめるのだ」と、殿様は申されました。

「すべて陶器《とうき》は、軽い、薄手のを貴《とうと》びます。茶碗の重い、厚手のは、誠《まこと》に品のないものでございます」と役人はお答えしました。

二つの文章はいずれも小川未明《おがわみめい》（一八八二〜一九六一）『赤い蠟燭《ろうそく》と人魚』（一九二一年、天佑社）に収められています。

「明るい、賑かな」「悲しい、頼りない」という表現の、それぞれの鉤括弧《かぎかっこ》内は類義的な表現となっており、鉤括弧をつけた表現同士は対義的になっています。

あとの文章では、「茶碗」に関して「軽い、薄手の」と「重い、厚手の」が対義的ですね。そしてそれが「茶碗の善悪」と表現されています。

もちろん、右に示した文章は自然な書きかたがされており、わざわざ「対義語的なみかた」を採っているようにはみえません。おそらく「書き手」である小川未明もごく自然に使っていると思います。そうであれば、自然に使われる「対義語的なみかた」がたくさんあることになります。

筆者が「対義語的なみかた」という表現を使ったのは、ことばの使いかたを超《こ》えて、「みかた」つまり「考えかた」にも「対義語的な発想」があるからです。

再びパスカル『パンセ』のことばを引用してみましょう。

人間の本性は、いつでも進むものではない。進むこともあれば、退くこともある。熱病にはその悪寒《おかん》と高熱とがある。（略）（断章三五四）

若すぎると正しい判断ができない。年をとりすぎても同様である。考えが足りない場合にも、考えすぎる場合にも頑固《がんこ》になり、夢中になる。（略）（断章三八一）

「進む／退く」「悪寒／高熱」「若すぎる／年をとりすぎる」「考えが足りない／考えすぎる」いずれも対義といってよいでしょう。パスカルは人間には両面があるのだと言っているように思われます。二つの面のバランスをとることは、いろいろな場合に大事です。バランスをとるために、「対義的なみかた」の意識も必要になってきます。「対義的なみかたの意識」というと「なんだか難しそうだな」と思われるかもしれません。そんなことはないのです。まずは対義語を考えるところからでいいのです。

あなたがあるチームのフットサルの選手として試合に出場することになりました。他のメンバーやコーチとともに、対戦相手のデータをもとに、どう攻撃《こうげき》するかについてずっと検討してきました。一時間ほど検討してきた時にあなたは気づきました。「攻撃のことばかり話し合っている！」「守備のことも話し合わないと」だめだよね。「攻撃／守備」は対義語ですね。

あなたがある会社で新開発した商品のキャンペーンについての会議に参加しています。どうすればより多くの人に新商品を買ってもらえるか、ずっと論議してきました。一時間ほど論議してきた時にあなたは気づきました。「売り手の立場からばかり話し合っている！」「買い手の立場からも考えないと」だめだよね。「対義語的なみかた」は「反対側からのみかた」といってよいでしょう。それは「視点」を百八十度変えることでもあります。当然「みえかた」が違ってくるでしょう。反対側からみるとこんな風にみえるんだ、と思うかもしれません。「視点を変えてみよう」とよく言いますね。そういうことにもつながっていきます。

小型の国語辞書には「対義語」が記されていることが多いでしょう。「対義語」は

「対義語テスト」のために覚えるのではなく、自分の視点を変えるために使うのがいいかもしれません。「平和」について述べなさいと言われたら、「戦争」の側から「平和」について述べてみるのもいいかもしれません。

「少子高齢化《しょうしこうれいか》」ということばをよく耳にしますね。生まれてくる子供が少ないのが「少子」、生きている人の年齢《ねんれい》が高くなっていくのが「高齢化」です。これも「少子」と「高齢」とを組み合わせた「みかた／とらえかた」ですね。「少子化」だけを話題にするのではなく、「高齢化」も同時に話題にしているわけです。

どこに「視点」が現れるのか

文を書く時に「視点」が重要であることはわかっていただけたと思います。それでは、文のどこに「視点」が現れるのかについて具体的にみてみましょう。

a：こんなにいい曲を短い時間でよく作ったな。

b：こんなにいい曲を短い時間でよく作りましたね。

c：こんなにいい曲を短い時間でよく作ったね。

aの文とbの文とは文の最後の「作ったな」と「作りましたね」とが違うだけです。それぞれの文はどんな場面での誰の発言のように感じるでしょうか。

aはその曲を知っている人、好きな人が、曲を作った人の話をテレビで聞いた、ラジオで聞いた時に、そばにいる友達に話しかけた、というような感じがしませんか。「話し手」は男性でしょう。

bは「さあ今日は曲を作ってみましょう」と先生が生徒に呼びかけ、授業中に作った曲を発表した時に、先生がその曲を作った生徒に対して話しかけた、というような感じがしませんか。文末で使われる「ね」は相手の同意を求めたり、やわらかに念を押したりする時に使いますね。

bは「作りましたね」なので丁寧《ていねい》で、cは「作ったね」なのでこれだと友達同士の会話のような感じになります。これと比べると丁寧なので、先生が生徒に、という感じがでてきます。

ａｂｃは「こんなにいい曲を短い時間で作る」という共通の「内容＝情報」がほんの少しだけ違う「器《うつわ》」に入っています。その「器」のほんの少しの違いが大事ですし、その違いを的確によみとる必要があります。文を作る側＝「書き手」だったら、「内容＝情報」をどういう「器」に入れると自分が「他の人に伝えたい内容」が的確に伝わるかを考える必要があり、文を読む側＝「読み手」だったら、その「器」のほんの少しの違いに気づかなければなりません。そしてその「器」の違いは「視点」にかかわっていることが多いのです。

でも大丈夫《だいじょうぶ》、ほとんどの人は、こういうことを自然に行なっているはずです。そのことに少し意識的になりませんか、という呼びかけです。少し意識的になれば、「あなたが他の人に伝えたい内容」が、より的確に他の人に伝わるようになるはずですし、少し意識的になれば、今までよりも、的確に他の人の言いたい内容がわかるようになるはずです。

わかりやすい文章　自然につながっていく文章

「読み手」にとって「わかりやすい文章」とはどんな文章でしょうか。自然に先へとつながっていく文章、どんどん読み進めていける文章がわかりやすい文章といってよいでしょう。まだ少し抽象的《ちゅうしょうてき》な言いかたかもしれません。

確かな情報がきちんとつながっている論理的な文章は「自然に先へとつながっていくわかりやすい文章」です。「論理文」ですね。書かれていることが「読み手」の「イメージ」とうまく結びついて、その「イメージ」が次々と展開していくような文章、これも「自然に先へとつながっていくわかりやすい文章」です。これは「感性に訴えかける文」ですね。

何処《どこ》からともなく巡査とか電車の監督などが集って来て、人だかりを押し分けて入って来た。巡査は大きな声をして頻《しき》りに人だかりの輪を大きくした。

矢張りその人だかりの輪の内で或《ある》監督がその運転手にこんな事を訊《き》いて居た。
「電気ブレーキを掛《か》けたには掛けたんだな?」
「掛けました」その声には妙《みょう》に響《ひびき》がなかった。（志賀直哉「正義派」新潮文庫）

右の文章はどちらかといえば「事実」が並べられている「事実文」といってよいでしょう。

傍線《ぼうせん》を付けておきましたが、「巡査《じゅんさ》」「監督《かんとく》」「人だかり」という三つの語が最初の文に使われています。次の文には「巡査」と「人だかり」が使われていて、その次の文には「人だかり」と「監督」が使われています。「人だかり」の中に「巡査」と「（電車の）監督」がいて、二人が「運転手」と話していることがよくわかります。「巡査」「監督」「人だかり」を「情報」とみると、「情報」が重なり合いながら展開していっていますね。

そして「監督」「運転手」が使われている文に続いて会話文が二つ並べられています。「読み手」はそれを自然に「監督」と「運転手」との会話だと理解します。一つ一つの文も短くて、「情報」の重なり合いを追いかけていけば自然に先へ先へと進んでいきます。「飛躍《ひやく》」がない文章といってよいでしょう。「飛躍」がないので、文章全体の印象は淡々《たんたん》としていますが、とにかく「わかりやすい文章」であることは確かです。

もう一つ志賀直哉の文章をみてみましょう。

流れを渉《わた》ると乾《かわ》いた白い砂原へ出た。皆は裸足《はだし》の儘《まま》、草も何もない砂原を波打際の方へ歩いた。秋も末に近かったから海岸に遊んでいる客らしい人の姿は見えなかった。皆は自家《うち》の庭で遊ぶ時のように顧慮《こりょ》なく笑い騒《さわ》ぎながら行った。波打際では皆裾《すそ》をまくって、寄せる波に足を洗わして遊んだ。順吉《じゅんきち》は浅い所で波の寄せる間、昌子《まさこ》を抱《だ》き上げて居て、その退《ひ》く時、下してやっていた。昌子は後《うしろ》から持たれるのを厭《いや》がって、下すと直《す》ぐチョコチョコと其処《そこ》を離《はな》れて、独りでその足《あし》許《もと》を見て立って居たがった。（志賀直哉「鵠沼行《くげぬま》」新潮文庫）

「砂原」↓「皆《みな》・砂原・波打際」↓0↓「皆」↓「波打際・皆」というかたちで、重なり合いを保ちながら文章が展開していっていることがわかりますね。「0」としたのは「秋も末に近かったから海岸に遊んでいる客らしい人の姿は見えなかった」という文です。この文には「皆・砂原・波打際」いずれの語も使われていません。この文は少し異質な文が挿入《そうにゅう》されているようにみえます。「皆」が歩いているのは「砂原」です。砂の上は歩きにくいので、足許を見ながら歩きますよね。そうだとすれば、視線は足許に向けられているはずです。それが「秋も末に近かったから海岸に遊んでいる客らしい人の姿は見えなかった」という文では「砂原」ではなくて「海岸」という語が使われています。これは足許ではなくて、「海岸」全体を見わたしている。つまり視線をあげて海岸全体を見ると、「客らしい人の姿は見えなかった」ということです。

次の文にはまた「皆」が使われているので、「読み手」はすぐに「情報」の重なり合いの流れに乗っていくことができます。これも「飛躍」の少ない文章だといえます。挿入された、つまり少し「飛躍」した文は次の文の「皆は自家《うち》の庭で遊ぶ時のように顧慮なく笑い騒ぎながら行った」の理由といってもよいでしょう。他に人がいなかったから、自分の庭のように遠慮《えんりょ》なく騒ぐことができたのです。

「秋も末に近かったから海岸に遊んでいる客らしい人の姿は見えなかった」という文と「皆は自家《うち》の庭で遊ぶ時のように顧慮なく笑い騒ぎながら行った」という文とを接続詞「だから」などでつなぐこともできます。しかしそうやってつなぐと、「つなぎ目」がはっきりしてしまいます。この文の場合、そういうしっかりした「つなぎ目」はふさわしくないと志賀直哉は自然に判断したのでしょう。接続詞を使うまでもない、ということだと思います。接続詞をきっちり使うほうがいい場合、そこまでしなくてもいい場合、いろいろな場合があります。

次の文章はどうでしょうか。

わけても美しいのは夕映《ゆうば》えだった。ここから見渡《みわた》される雲のことごとくは、夕映えの刻限になると、自分がやがて染められる色が、紅《くれない》いか、紫《むらさき》か、柑子《こうじ》いろか、淡緑か、あらかじめ感じ取っているかのようだった。色づく前に、雲は必ず緊張《きんちょう》のために蒼《あお》ざめた。……（三島由紀夫『豊饒《ほうじょう》の海』「春の雪」新潮文庫）

みなさんも「夕映え」を見たことがあると思います。夕日の光を受けて雲がオレンジ色や紫がかった赤などいろいろな色合いに見えますね。「夕映え」あるいは「夕焼け」という語を見たり聞いたりした時に、皆さんは自分がこれまでに見た「夕映え」「夕焼け」を思い出し、その「イメージ」を重ね合わせるはずです。語がみなさんの脳内に入ってくるような感じといえばよいでしょうか。あるいは脳内の「イメージ」が脳からでてきて、ことばに重なるといえばよいでしょうか。とにかく、その重なり合いが「うんうんわかる」を導くことになります。うまく重なれば、「理屈《りくつ》抜《ぬ》きに」わかることになります。

「イメージ」は実際の体験によって作られていくことが多いと思われますが、読書によって「イメージ」が作られることも当然あります。いろいろなことを経験し、多くの本を読んで、いろいろな「イメージ」を脳内にとりこんでおくことも大事なことです。

右の文章では、雲がどんな色に染まるかを「あらかじめ感じ取っているかのようだった」、雲は色づく前に、「緊張のために蒼ざめた」と表現されています。雲が「感じ取っ」たり「蒼ざめた」りはしないので、これは雲を人になぞらえた「擬人化《ぎじんか》」表現です。

論理ではなく「イメージ」によって文章を展開させていくと、文章が緩《ゆる》い感じになってしまいがちです。それをちょっと工夫した「擬人化」表現によって引《ひ》き締《し》めていて、バランスがうまくとられていると思います。

リズム感のある文章

リズム感のある文章、テンポのいい文章という表現があります。ここまでに採りあげた志賀直哉の文章も三島由紀夫の文章も、そうした文章といってよいでしょう。

三島由紀夫の文章には、「紅《くれな》いか、紫か、柑子《こうじ》いろか、淡緑か」とありました。ここは「紅《くれな》いか、紫か」だけではだめだったのでしょうか。いや、だめということはないと思います。しかし、色の名を四つ続けることによって、たたみかけるような感じがでて、リズム感が生まれます。同じような語が並ぶのですから、そこはどんどん読めるので、列挙してあるところでスピードが上がっていくからです。

ある場所には、どのような大虐殺《だいぎやくさつ》の跡かと思うばかり、ドス黒い血の色に染まったアマノリのくさむら、赤毛の女が髪《かみ》をふり乱した姿のウシゲノリ、鶏《にわとり》の足の形のトリノアシ、巨大な赤百足《あかむかで》かと見ゆるムカデノリ、中にもひときわ無気味なのは、鶏頭《けいとう》の花壇《かだん》を海底に沈《しず》めたかと疑われる、鮮紅色《せんこうしょく》のトサカノリのひとむら、まっ暗な海の底で、紅の色を見た時のものすごさは、到底《とうてい》陸上で想像するようなものではないのです。

しかし、進むにしたがって、彼女はもはや、一匹の魚に驚《おどろ》いている余裕はありませんでした。次から次とガラス板のそとに、彼女を送迎《そうげい》する魚類のおびただしさ、そのあざやかさ、気味わるさ、スズメダイ、テングダイ、タカノハダイ、あるものは、紫金《しきん》に光る縞目《しまめ》、あるものは絵の具で染めだしたような斑紋《はんもん》、もしそのような形容が許されるならば、悪夢の美しさ、それは実に、あの戦慄《せんりつ》すべき悪夢の美しさのほかのものではないのでした。（江戸川乱歩「パノラマ島奇談《きだん》」『江戸川乱歩作品集3』所収、岩波文庫）

どちらも江戸川乱歩の「パノラマ島奇談」の中の文章です。前の文章では海藻《かいそう》が、後の文章では魚が列挙されています。傍線を付けておきましたが、海藻と魚なので、いずれもかたかなで書かれていて、傍線がなくても列挙が目立つようになっています。

前の文章では、それぞれの海藻の説明にあたる「ドス黒い血の色に染まった」「赤毛の女が髪をふり乱した姿」「鶏の足の形」「巨大な赤百足」「鮮紅色」も同時に列挙されているといってもよく、無気味な「イメージ」がたたみかけるように増幅《ぞうふく》していくような文章です。「リズム感」と「イメージ」と両面から「読み手」を引き込んでいく文章ですね。

さて、ここまでいろいろな「ことばの実験」をしてきました。

文章を書く場合に「『ですます』調と『である』調をまぜないようにしましょう」というようなことだけに気をつけていればいいわけではないことはおわかりいただけたかと思います。

文は「書き手」が「読み手」に伝えたい内容＝情報を入れる「器」です。「書き手」はまずどのような内容を「器」に入れるかを考え、次にはどのように「器」に入れるかを考えて文を作ります。そう、考えて書くのです。

「文を書く」と「文を読む」とは反対方向の行為《こうい》です。「文を読む」時には、「書き手」がどのような内容をどのように「器」に入れているかに気をつけながら読むといいでしょう。なるほど、こういう書きかたをすると、こういうことが伝わりそうだなと思ったら、自分が「書き手」になった時に試してみればいいのです。

「文を読む」「文を書く」両方を支えているのが「考える」ということです。考えながら読み、考えながら書く、そうすることによって、考える力もぐんぐんつくはずです。

みなさんも楽しく、愉快な気持ちで文を読み、文を書き、そして考えてください。

おわりに

春はどこまできたか
春はそこまできて桜の匂《にお》いをかぐわせた
子供たちのさけびは野に山に
はるやま見れば白い浮雲《うきぐも》がながれている。
そうして私の心はなみだをおぼえる
いつもおとなしくひとりで遊んでいる私のこころだ。
この心はさびしい
この心はわかき少年の昔より私のいのちに日影《ひかげ》をおとした
しだいにおおきくなる孤独《こどく》の日かげ
おそろしい憂鬱《ゆううつ》の日かげはひろがる。
いま室内にひとりで坐《すわ》って

暮れてゆくたましいの日かげをみつめる
そのためいきはさびしくして
とどまる蠅《はえ》のように力がない。
しずかに暮れてゆく春の日の夕日の中を
私のいのちは力なくさまよいあるき
私のいのちは窓の硝子《ガラス》にとどまりて
たよりなき子供等のすすりなく唱歌をきいた。

萩原朔太郎《はぎわらさくたろう》（一八八六〜一九四二）の「蠅の唱歌」というちょっと変わったタイトルの詩です。『青猫《あおねこ》』という題名の詩集に収められています。この詩を読みながら、本書で述べたことを少しふりかえってみましょう。

第1章と第4章で「視点」ということを述べました。語にも「視点」があるし、文や文章にももちろん「視点」があります。

右の詩は「春はどこまできたか」という質問のような文で始まります。その「質問」

に「春はそこまできて桜の匂いをかぐわせた」「子供たちのさけびは野に山に」「はるやま見れば白い浮雲がながれている」と三つの文で答えているようなかたちになっています。

「かぐわせた」は〈匂わせた〉ぐらいに理解しておきましょうか。「桜の匂い」は嗅覚《きゅうかく》、「子供たちのさけび」は聴覚《ちょうかく》、「白い浮雲」は視覚でそれぞれとらえることができます。これに「味覚」「触覚《しょっかく》」を加えると、人間が外界を感じる五つの感覚「五感」になります。感覚は「視点」ではありませんが、どの感覚で外界をとらえるかという意味合いでは、大事なものです。「イチゴは甘酸《あまず》っぱく、風は頰《ほお》をやさしくなでる」というような文を加えると「五感」が揃《そろ》うことになります。朔太郎先生勝手なことを言ってすみません。四行目までは「視点」ということでいえば、どちらかといえば「外」に向いているといえるでしょう。

五行目は一転して「私の心はなみだをおぼえる」で、「視点」は「私」の中に入っていく。これはいったい誰の「視点」だろうということになりそうですが、今それは考えないことにしましょう。詩を読み進めていくと「私のいのち」が「さまよいあるき」、

「窓の硝子にとどま」っています。それを誰かが見ているのです。そして「私のいのちは子供等のすすりなく唱歌」をきいているのです。

七行目には「この心はさびしい」とあり、そのあと、「孤独の日かげ」「憂鬱の日かげ」「暮れてゆくたましいの日かげ」「ためいき」と続きます。どうやら、「私」はさびしく、元気がないようです。「孤独」「憂鬱」が「ひかげ」という語でたとえられています。「比喩《ひゆ》」ですね。そしてその言《い》い換《か》えが「暮れてゆくたましい」でしょう。

「私のいのち」は「たよりなき子供等のすすりなく唱歌」をきいたのですが、「たよりなき子供等のすすりなく唱歌」は結局、「暮れてゆくたましい」と重なり合ってきます。「イメージ」がつながり、重なり合っていく、詩らしいといえば詩らしいですね。しかしまた、そこがわかりにくいといえばわかりにくい。

第2章では「論理的ということ」について述べました。「事実」と「事実」とを「確かなつなぎ目」でつなぐのが「論理的ということ」でしたね。詩はそういう文、文章ではありません。「詩がわかる」というのはどういうことか、もしかしたら、そこからよく考える必要があるかもしれません。詩をわかること、理解することができる、と仮定しましょう。しかしその「わかる／理解する」は論理的な文、文章が「わかる／理解できる」ということとは違うと思ってください。

右では、詩をある程度説明しようとしています。しかし途中《とちゆう》で説明をやめているようなところもあります。そのくらいでいいのではないかと筆者は思っています。詩が論理的なことばに置き換えられるのだったら、最初から詩である必要がありません。詩は詩という「器《うつわ》」を選んでいるのです。「詩という器」でなければ表現できないからこそ詩になっているのです。

それでも、右のようにあれこれ考えたり、想像してみたりすることは大事です。「こういうことかもしれない」でもいいのです。そうすることによって、「ことばによる表現」に敏感《びんかん》になることができます。こういう「練習」も大事です。もともと「正解」がないのだから、自由に考え、想像していいのです。

第2章では、俳句から物語を作ってみました。それと同じように、詩から物語を作って、他の人が作った物語と比べてみるのもおもしろそうです。どこに注目して物語にするか。

右の詩のタイトルが「蝿の唱歌」だということは述べました。「蝿の唱歌」というと、「蝿」をテーマにした唱歌のように思ったり、「蝿」が唱っているように思ったりしそうですが、そうではなさそうなことはわかりますね。詩の中に「蝿」という語も「唱歌」という語もそれぞれ一回だけ使われています。

「暮れてゆくたましい」の「ためいき」がさびしくて、「とどまる蝿のように力がない」のですね。そして、「私のいのちは力なくさまよいあるき／私のいのちは窓の硝子にとどまりて／たよりなき子供等のすすりなく唱歌をきいた」のです。

「蝿の唱歌」はわかりにくいから、「暮れてゆくたましい」というタイトルはどうでしょう。もしかしたら、こちらのほうがわかりやすいかもしれません。しかし、きっとこれはまとめすぎなのだろうと筆者は思います。「まとめすぎ」は「大きなことば」過ぎるということです。「蝿」という小さな昆虫のもつイメージ、「すすりなく唱歌」という聴覚的イメージを大事にしたタイトルが「蝿の唱歌」ではないでしょうか。

萩原朔太郎が「圧縮」し、詩という「器」に盛り付けた「情報」、それは論理でつなげられた「情報」ではなくて、イメージでつなげられた「情報」といえばよいでしょうか。それを「読み手」が「解凍《かいとう》」していく、それが詩を読むということでしょう。「論理的なことば」で話し、書くということは大事です。それができるようになる必要があります。「あなたが伝えたい内容＝情報」を自分以外の人に確かに伝えること、それがまずは必要なことです。そのためには、「情報」を丁寧《ていねい》に「圧縮」して文、文章という「器」に盛り付ける必要があります。あなたが「読み手」になったら、「圧縮」されている「情報」をうまく「解凍」しなければなりません。「書き手」でもあり「読み手」でもあるということをしっかりと意識しましょう。「小論文」の練習というと書くことばかり練習してしまいがちです。しかし、まずは「読み手」としての「解凍」練習がやりやすいのではないでしょうか。

　最後に手軽にできる練習方法について述べておきましょう。

　アメリカ合衆国の小説家に、エドガー・アラン・ポー（一八〇九～一八四九）という名前の人がいます。「黒猫」「モルグ街の殺人事件」「黄金虫」といった作品で知られています。「モルグ街の殺人事件」は大正二（一九一三）年に「病院横町の殺人犯」という題名で、森鷗外《もりおうがい》がドイツ語から翻訳《ほんやく》をしています。

「黒猫」は自分が飼っていた黒猫を殺した男が、その黒猫に似ている猫によって追いつめられていく、ちょっとこわい話ですが、「黒猫」が小説全体のキーになっているのです。これはまあ、わかりやすいタイトルといっていいでしょう。

この「黒猫」という作品を読んで、「黒猫」ではないタイトルをつけてみるのも一つの練習です。「黒猫の復讐《ふくしゅう》」はどうでしょう。いいかもしれませんが、説明しすぎているかもしれません。そのあたりの程合いが大事です。大きすぎてもいけない、小さすぎてもいけないというところでしょうか。みなさんがまだ「黒猫」を読んでいなかったら、「黒猫」というタイトルからどんな小説かを想像してみてください。あるいは、「黒猫」というタイトルの小説を書いてみるのもいいでしょう。自分の「発想」がどれだけ自由かを試してみるのです。あるいは案外「飛躍《ひやく》」できないなと思うかもしれません。

エドガー・アラン・ポーから「江戸川乱歩」というペンネームが生まれていることをご存じの人も多いでしょう。江戸川乱歩の本名は平井《ひらい》太郎《たろう》（一八九四〜一九六五）です。江戸川乱歩に「人間椅子《いす》」という作品があります。読んだ人はどういう小説かご存じだと思いますが、読んでいない人は、どういう作品か想像してみるのはどうでしょう。

江戸川乱歩には「蜘蛛《くも》男」とか「黒蜥蜴《くろとかげ》」とか、ちょっとこわそうなタイトルの作品がたくさんあります。そうそう「人間豹《ひょう》」という作品もあります。

小説のタイトルや書名は、「飛躍」「圧縮」「詩的言語」「大きなことば／小さなことば」「比喩」など、本書で述べたいろいろなことがらにかかわりがあります。小説のタイトルや書名を使って、いろいろな「練習」が一人でできます。やらされるのではなく、自分からやってみる。そしてそれを楽しむということは大事なことです。

楽しみながら、愉快《ゆかい》な気持ちをもって、文や文章を読み、そして書き、そして考えてみてください。本書がみなさんのヒントになるならば、それはとても嬉《うれ》しいことです。

二〇一九年五月

今野真二

著者紹介

今野真二（こんの・しんじ）

1958年、神奈川県生まれ。清泉女子大学教授。日本語学専攻。『学校では教えてくれない ゆかいな日本語』『大人になって困らない 語彙力の鍛えかた』『ことばでたどる日本の歴史』『ことばでたどる日本の歴史　幕末・明治・大正篇』『ことばあそびの歴史』『戦国の日本語』『図説 日本の文字』『図説 日本語の歴史』（以上、河出書房新社）、『日本語が英語と出会うとき』（研究社）、『日日是日本語』（岩波書店）、『『日本国語大辞典』をよむ』（三省堂）、『漢字とカタカナとひらがな』（平凡社新書）、『辞書からみた日本語の歴史』（ちくまプリマー新書）など著書多数。

14歳の世渡り術

自分で考え、自分で書くための ゆかいな文章教室

2019年7月20日　初版印刷
2019年7月30日　初版発行

著　者　今野真二

イラスト　丸山誠司
ブックデザイン　高木善彦

発行者　小野寺優
発行所　株式会社河出書房新社
〒151-0051　東京都渋谷区千駄ヶ谷2-32-2
電話　(03)3404-1201(営業)／(03)3404-8611(編集)
http://www.kawade.co.jp/

印刷　凸版印刷株式会社
製本　加藤製本株式会社

Printed in Japan
ISBN978-4-309-61716-9